사이코패스

정상의 가면을 쓴 사람들

サイコパス

사이코패스
정상의 가면을 쓴 사람들

나카노 노부코 지음 | 박진희 옮김

호메로스

뇌과학이 밝히는 '당신 주위의 사이코패스'

터무니없는 거짓말을 하고, 기상천외의 나쁜 짓은 다 하면서도 아무런 가책을 느끼지 않는 사람이 있다. 거짓말이 명백히 드러나 사람들에게 비난받아도 부끄러운 기색 하나 없이 당당한 사람. 그뿐인가? '나는 부당하게 비난받는 피해자' 혹은 '비극의 소용돌이에 휘말린 주인공'인 것처럼 굴기까지 한다.

잔혹한 살인을 저지르고 악랄한 사기 사건을 주도했음에도 불구하고, 전혀 반성의 기미 없이 오히려 자신의 정당성을 주장하는 책을 출판하여 세상에 공표하기도 한다.

매력적인 겉모습에 말솜씨나 프레젠테이션도 청산유수로 막힘이 없고 재미나다. 하지만 일단 관계를 맺은 사람들은 모두 그 가면에 속아 넘어가 불행의 구렁텅이에 빠지고 만다. 성적으로도 분방해서 연애 트러블이 끊이질 않는다.

경력을 사칭하고, 과거의 발언과 전혀 다른 내용을 태연하게 주장한다. 모순을 지적당해도 "결단코 그런 말은 한 적이 없습니다."라며 단호한 얼굴로 우긴다.

…요즘 이런 인물들이 뉴스를 장식하며 세상을 어지럽히고 있다.

간과할 수 없는 점은, 이런 종류의 인간을 옹호하는 사람이 적지 않다는 것이다.

"그(그녀)는 속아서 저렇게 된 거야."

"절대 나쁜 사람이 아니야. 오히려 매력적이지."

이런 호의적인 반응이 텔레비전에 나오는 패널들부터 일반인들의 입에까지 심심치 않게 오르내리고 있다. 마치 '추종자'처럼 숭배하는 사람까지 있을 정도다.

그들은 전혀 알지 못할 것이다.

그(그녀)들이 바로 '사이코패스'라는 사실을 말이다.

전세계 1%, 미국은 4%?

원래 사이코패스(psychopathy)란, 연속살인범 같은 반사회적인 인격을 설명하기 위해 개발된 진단상의 개념으로, 우리말로는 '정신병질(精神病質)'이라고 번역되어왔다. 그러나 이 단어만으로는 사이코패스의 구체적인 이미지를 파악하기 힘들다. 사실 사이코패스의 실태를 꼭 집어낼 만한 적절한 단어가 아직 없다.

현대 정신의학에서 세계 표준으로 삼고 있는 『정신장애 진단 및 통계편람』의 최신판(DSM5)에도 사이코패스라는 단어가 없다. 정신의학에서는 '사이코패스'라는 카테고리가 아니라, '반사회성 인격장애'라는 진단명으로 통용되고 있기 때문이다. 사실 대부분의 사람들은 사이코패스가 조현병 같은 정신질환과 무엇이 다른지 알지 못한다.

가장 대중적인 사이코패스는, 토마스 해리스의 소설『양들의 침묵』에 등장하는 한니발 렉터 박사 같은 인물일 수 있다. '높은 지능을 가진, 냉혹하고 엽기적인 살인을 일삼는 인물' 말이다. 어쩌면 거짓말만 일삼는 인물을 '사이코패스'라며 야유하는 경우도 있을 것이다.

21세기에 들어서면서 뇌과학의 급진적인 발전 덕에 사이코패스의 정체가 서서히 드러나고 있다. 우리의 뇌에는 타인의 감정을 공감하거나 '아픔'을 인식하는 부분이 있는데, 그 부분의 움직임이 일반인과 사이코패스라고 짐작되는 사람과는 큰 차이를 보였다.

대중적으로 알려진 것처럼 사이코패스가 모두 냉혹하고 잔혹한 살인범은 아니라는 사실도 밝혀졌다. 대기업의 CEO, 변호사, 외과 의사처럼 대범하고 냉철한 결단이 필요한 직종의 사람들에게 사이코패스가 많다는 연구 결과도 있다.

역학적 조사도 진행되고 있다. 저서『진단명 사이코패스』로 유명한 캐나다의 범죄심리학자 로버트 헤어에 의하면, 남성의 0.75%가 사이코패스라고 한다. 하버드 메디컬스쿨의 정신의학부에서 오랜 시간 심리학 강사로 근무한 심리학자 마사 스타우트도 "미국 전 인구의 4%가 사이코패스"라고 밝혔다. 꽤 높은 비율의 이 숫자는 당연히 사이코패스의 진단 기준에 의한 것이다. 이외에 "개인주의가 발달한 구미에서는 많지만, 집단주의적인 사회인 동아시아권에서는 상대적으로 적다."는 지적이나 "남성보다 여성이 적다."는 연구도 있다.

또한 사이코패스란 흑백으로 가릴 수 있는 것이 아니라 그레이존과 같은 폭으로 분포하고 있다는 사실도 알게 되었다. 즉 증상에도 정도가 있다는 것이다. 보다 전문적으로 말하자면, 사이코패스는 감정 · 대인관계 · 행동 면에서 각각의 스펙트럼(연속체)을 이루는 복합적인 장애라고 한다(단, 본서에서는 이해하기 쉽게 '사이코패시 성향이 높은 사람'을 총괄하여 '사이코패스'라고 표기한다).

아무튼 대략 100명 중 한 명꼴로 사이코패스가 있다고 하니, 일본의 인구(약 1억2천700만 명) 중에 약 120만 명은 있다는 계산이 나온다.

사이코패스는 우리들 주위에서 지금도 당신이나 당신의 동료와 친구, 가족을 끌어들이고 있다. 어쩌면 지금 이 책을 읽고 있는 당신이 바로 사이코패스일 수도 있다.

사이코패스를 가려내는 법

사이코패스인지 어떻게 알아볼 수 있을까?

겉으로 드러나는 사이코패스의 특징 몇 가지를 알아보자.

▶ 겉모습이나 말솜씨가 지나치게 매력적이고, 자기애가 강하다.

▶ 공포나 불안, 긴장을 잘 느끼지 않고, 큰 무대에서도 당당해 보인다.

▶ 보통은 논리적인 이유로 망설이거나 위험을 느껴서 하지 않는 일도 망설임 없이 바로 처리하기 때문에 도전적이고 용기 있는 것처럼 보인다.

▶ 겉치레 말로 사람을 잘 다루어 유력자를 아군으로 만들며, 추종자처럼 그를 따르는 무리가 있다.

▶ 상습적인 거짓말쟁이로 이야기를 잘 꾸며낸다. 자신이 돋보이도록 주장을 자꾸 바꾼다.

▶ 허풍쟁이에다 쉽게 싫증을 내기 때문에 같은 일을 오래하지 못하고, 맡은 일을 마무리 짓지 못한다.

▶ 교만하고 건방지며, 비판을 받아도 굽히지 않는다.

▶ 사귀는 사람이 자주 바뀌고, 관계가 끝난 상대를 나쁘게 말한다.

▶ 사람을 대하는 태도는 좋은데, 개인적인 공감 능력 자체는 낮다.

예를 든 모든 부분에 들어맞지는 않더라도, 지금 당신의 머리에 떠오르는 몇몇 인물이 있을 것이다. 건방지고 자기애와 기만에 가득 찬 대인관계를 맺으며 감정적 공유가 서툰, 충동적이고 반사회적인 존재… 게다가 그들 대부분은 무책임한 라이프스타일을 선호한다.

물론 사이코패스가 아닌 모두가 착한 사람이 아닌 것처럼 모든 사이코패스가 나쁜 사람이고 예비 범죄자는 아니다. 사실 〈사이코패스=범죄자〉라는 선입견은 아주 위험하다.

그러나 그들의 본 모습을 알지 못하면, 때로는 악의에 찬 사이코패스에게 처절하게 이용당할 위험이 있다. 현실적으로 많은 사람이 자각 없이 사이코패스 옹호에 한몫하고 있다.

사이코패스는 천상유수에다 두려움을 몰라 용감한 것처럼 보인다. 때때로 그 모습은 아주 매혹적이어서 본질을 파악하지 못한 채 팬이 되는 사람도 적지 않다. 더구나 폐쇄적인 사회에서는 그들의 행동이 마치 새 세상을 열어줄 것만 같은 착각을 불러일으켜 더욱 인기가 높아진다. 남들과 다른 행동으로 그들은 주변 사람들을 매료시키고, 교묘하게 타인을 이용한다.

매력적인 연구 대상

내가 사이코패스에게 관심을 갖게 된 것은, 그들이 '구미가 당기는' 존재였기 때문이다. 뇌를 연구하는 사람으로서 기존의 틀을 초월하여 살아가는 사람들이 흥미로웠다.

한때 나는 MENSA(인구 상위 2%의 지능지수를 가진 사람이 들어가는 단체)의 멤버였다.

거기에는 여러 현상에 대한 법칙을 규정하고 싶어 하는 사람들이 모여 있었다. 퍼즐이나 게임의 공략법을 찾아내거나 사회를 관망하고, 혹은 실험을 통하여 법칙을 검증하거나 "모두가 상식이라고 생각하고 있는 도덕이나 '규칙'은 사실 최근에 만들어진 누군가의 입맛에 맞는 패러다임일 뿐이다."와 같은 말로 사회현상을 게임처럼 즐겼다.

감춰진 게임의 규칙이나 사회의 질서를 발견했을 때, 그것을 악용하고자 하는 사람도 있다. 지름길을 이용해 타인을 앞지르고, 혼자만 규칙을 거스르고 무시하며, 겉으로는 복종하는 체하면서 자기 좋을 대로 행동한다. 이런 행위를 가리켜 인터넷 은어로 '룰 해크(rule hack)'[1]라고 부르기도 한다.

일반인들은 그런 반도덕적인 행위는 하지 않는다. 하지 않는 것이 안전하기 때문이다. 보통은 '안전하다'는 판단마저 의식하는 일 없이, 무의식적으로 '뭔가 찔리는' 마음에 그 행위에 브레이크가 걸린다. 남이 알아차리지 못한 승리 패턴을 발견하여 이용하는 것은, 아무것도 모르고 착실하게 단계를 밟는 사람에게 반감을 사고, 집

---

1) 해크(hack)는 테크닉이나 요령을 가리키는 말로, 2005년 화제가 된 단어 '라이프 해크'에서 유래되었다. 일본에서는 최근 'ㅇㅇ 해크'라는 단어가 많이 생겨났는데, 'ㅇㅇ을 효과적으로 잘하기 위한 테크닉, ㅇㅇ술'을 가리키는 단어로 유행하고 있다.

단에서 배제당할 위험을 높인다. 그 위험을 잘 알기에 일반인은 일부러 생각하지 않아도 반도덕적인 행위를 하지 않도록 뇌 구조상 자동으로 브레이크가 걸리는 것이다.

그러나 사이코패스는 거리낌 없이 '룰 해크'가 가능하다. 인간이 사회적 동물임을 감안했을 때, 이는 아주 희한한 일이다. 어찌하여 그들에게는 브레이크가 걸리지 않는 걸까?

100명 중 한 명꼴로 사이코패스가 존재한다는 것은, 인류 진화의 과정에서 도태당하는 일 없이 살아남아 왔다는 말이기도 하다. 즉 사이코패스의 삶의 방식(생존전략)은 일반인의 입장에서는 가당치도 않은 것처럼 보이지만, 생존전략으로써는 의외로 효과적일 수 있다.

일정 비율로 존재하는 것은, 어떤 의미로든 인류라는 종의 보존에 사이코패스가 플러스 방향으로 영향을 미치기 때문일 수 있다. 인간 사회는 사이코패스가 있기에 발전해 왔을 가능성도 있는 것이다.

하지만 사이코패스가 불편한 존재란 사실 역시 부인할 수 없다. 그러니 우리들이 스스로를 지키기 위해서는, 사이코패스에 대해 정확히 알고 대처법을 몸에 익혀둘 필요가 있다.

우선은 전형적인 사이코패스에 대한 사례를 소개하고, 1장에서는 심리적·신체적인 특징에 대하여 알아보고, 2장에서는 뇌과학으로 본 특징에 대하여 살펴보기로 하자.

차례

1장 사이코패스의 심리적·신체적 특징

2장   사이코패스의 뇌

1. 사이코패스의 지각능력 & 학습능력

2. 〈승리그룹 사이코패스〉 & 〈패배그룹 사이코패스〉

PSYCHOPATH

1장

사이코패스의 심리적 · 신체적 특징

국가에 재정적 부담을 주는 사이코패스란 과연 무엇일까?
전형적인 사이코패스의 모습을 구체적으로 살펴보기 위해
대표적인 범죄자 네 명을 소개해 보고자 한다.

1. 사이코패스의 사건수첩

울병을 웃도는 국가 부담

역사적으로 사이코패스는 범죄와 결부되어 언급되어왔다. 그렇다면 실제 범죄자가 사이코패스일 확률은 대체 어느 정도일까?

캐나다의 저명한 범죄심리학자 로버트 헤어는 "형무소에 있는 수감자의 평균 20%가 사이코패스이며, 중대범죄의 반수 이상이 사이코패스에 의한 범죄"라고 말한다. 또한 "사이코패스의 재범률은 다른 범죄자의 약 2배, 폭력 범죄로만 한정하면 다른 범죄자의 3배에 이른다."고 보고하고 있다.

미국의 형무소에 수감되어 있는 사이코패스는 약 50만 명으로 추정하고 있다. 일반사회에서는 중대범죄로까지 이어지진 않지만, 주변인을 교묘하게 이용하며 살고 있는 사이코패스가 25만 명은 된다고 주장하는 연구자도 있다.

사이코패스를 기소, 투옥하는 경비 혹은 그들이 타인의 인생에 미치는 피해액도 막대하다. 뉴멕시코 대학교의 신경과학자 K. A. 킬은, 미국이 국가 예산으로 부담하는 사이코패스 관련 연간비용은 4,600억 달러(2011년 기준/약 490조 원)에 달한다고 계산하고 있다. 미국에서는 울병(우울증)을 감소시키기 위해 연간 440억 달러의 비용을 부담하고 있는데, 사이코패스로 인한 비용은 울병의 10배 이상을 웃도는 것이 된다.

랜디 스티븐 크래프트(1945~)
욕망의 수단을 '학습'한 남자

캘리포니아 출신의 랜디 크래프트는 보수적인 지역의 중류 가정에서 자랐다. IQ129(도쿄대생의 평균이 120이라고 일컬어진다)의 그는, 학교 성적도 좋은 모범생으로 대학에서 경제학 학위를 취득한 후 IT 컨설턴트로 생활하고 있었다.

그러나 누가 봐도 건실한 청년인 랜디의 실체는 연속살인범이었다. 그는 해질 무렵에 자동차를 몰고 나가 10대 후반에서 20대 전반의 남성에게 접근한 후, 차에 탄 남성에게 약을 탄 음료를 먹여 의식을 잃게 한 다음 성행위를 즐기는 동성애자였다. 때로는 상대를 고문하고 강간한 다음 살해하여 사체를 차 밖으로 던져버리기도 했다. 랜디의 잔학무도한 살인은 12년 동안 64회나 반복되었고, 그는 피해자 리스트를 작성하여 그 기록을 정리해 두기까지 했다.

잔학한 살인을 저지른 다음날 아침도 그는 평소와 다름없는 얼굴로 사무실에 출근했다. 연속살인범임에도 불구하고 누구에게도 의심받는 일 없이 일상생활을 영위한 것이다. 이처럼 살인귀와 훈남 사이를 태연히 오갈 수 있는 냉철함이 바로 사이코패스의 특징이다.

실패에서 학습하여 살인귀로

랜디는 어떻게 수사 당국의 눈을 속이고 계속 범행을 저지를 수 있었을까?

그가 '실패'에서 배움을 얻어 성장했기 때문이다. 처음부터 그의 범행이 완벽했던 것은 아니었다. 사실 '혼수 폭행'을 막 시작했을 무렵, 랜디는 한 번 체포된 적이 있다. 목표로 삼은 남성이 '위장수사' 중이던 경찰이어서 폭행 전에 체포당하고 만 것이다.

체포당한 랜디는 그때 '학습'을 한다. 죄의식에 눈떠 악행을 그만둔 것이 아니라 '성인 남성을 피하고 10대의 소년을 노리자. 10대라면 경찰관일 가능성은 없으니까.'라고 생각한 것이다. 보석 후 그는 10대 소년만 노리고 폭행을 계속했다.

하지만 당시만 해도 랜디가 피해자를 죽이지 않았기 때문에 그

지역에 젊은 남자를 노리는 폭행범이 있다는 소문이 퍼지고 말았다. 소문에 자극을 받은 그는 다시 '학습'하여, 이후부터는 강간한 소년을 죽이기로 정한다. '나쁜 짓이 들킬 것 같으니 그만두어야지'가 아니라 '죽이면 누구에게도 들키지 않아'라는 발상에서 사이코패스의 독특한 학습 양식이 보인다.

이것을 '학습'이라고 부르는 것에 거부감을 느끼는 분들도 있을지 모르겠다. 하지만 위험을 회피하면서 자신의 욕망을 만족시키는 가장 합리적인 선택지를 과거의 경험에서 배우는 것이니 '학습'임에는 틀림이 없다.

단지 사이코패스는 타인이 어찌 되든 상대를 배려하는 일은 없다. 논리적인 사고나 계산은 할 수 있지만, 타인에 대한 공감이나 배려, 부끄러움, 죄의식이 현저히 결여되어 있기 때문이다.

사이코패스가 범죄를 저지르는 경우, 종종 '스릴의 추구'가 동기로 작용한다. 게다가 특정인을 목표로 하기보다 넓은 범위의 인간을 목표로 선택하는 경향이 있다. 즉 랜디처럼 불특정 다수를 덮치는 상습범, 연속살인귀가 될 가능성이 높다는 말이다.

랜디의 악행이 노출된 것은 전혀 예기치 못한 우연이었다. 1983년 음주운전 단속 중이던 경찰이 랜디의 차를 정차시켰고, 그때 조수석에 반라인 남성의 사체가 발견된 것이다. 랜디는 지금도 형무소에 수감되어 있다.

제인 토판(1857~1938)
쾌활한 떠버리 쾌락살인자

'살인범'이라고 하면 일단 남성을 떠올릴 것이다. 실제로 일본의 『범죄백서』를 보아도 살인의 약 75%는 남성의 손에 의해 이루어진다. 그렇다면 나머지 25%는 여성인 셈이다. 이번에는 여성 사이코패스를 소개해 보자.

미국의 매사추세츠 주의 간호사 제인 토판은, 쾌활한 성격으로 사람들과의 관계도 좋았기 때문에 직장에서 '졸리(jolly) 제인'이라 불리고 있었다.

그러나 제인에게는 감춰진 얼굴이 있었다. 그녀는 1895~1901년의 6년간 자신이 근무하는 케임브리지 병원의 환자에게 치사량의 모르핀을 투여했던 것이다. 물론 누구에게도 들키지 않고 말이다. 모르핀을 투여 받은 환자는 의식이 몽롱해지고 동공이 수축하여 혼수상태에 빠진다. 더 끔찍한 것은, 제인이 모르핀을 주사한 환자에게 아트로핀을 투여했다는 점이다.

아트로핀은 알칼로이드의 일종으로 부교감신경의 작용 억제, 위장관의 운동 억제, 심박수를 늘리는 작용을 한다. 모르핀과 정반대의 효과이다. 아트로핀을 투여 받은 환자는 이번에는 동공이 확장되고 느리게 뛰고 있던 심장이 급격히 빨리 뛰기 시작한다. 환자는 몸에 경련을 일으키고 땀을 흘리며 침대 위에서 괴로워하다가 마침 내 숨을 거둔다.

제인 토판은 이러한 행위를 몇 번이고 반복하였는데, 살해당한 피해자는 최소 31명에 이르는 것으로 예측되었다. 1901년에 체포된 그녀는 무엇 때문에 그리했냐는 경찰관의 질문에 "아무 생각 없었 다, 그 일이 그 정도로 추한 짓인지 잘 모르겠다."며 후회도 한탄도 없다고 답했다.

살인으로 엑스타시를 얻다

그저 제인은 살인 행위를 할 때 voluptuous delight(성적인 쾌감을 의 미하는 19세기 단어. 지금의 단어로 말하자면 엑스타시)를 느꼈다고 진술했 다. 죄악감은 없고 황홀감만 있었던 것이다. 돈이 목적이었던 것도 아니고, 원한이 있었던 것도 아니다. 순수하게 '쾌락'만을 위한 살인 이었던 셈이다. 일본 내의 사건으로 비유하자면, '고양이를 죽이는 것으로 성적 흥분을 느꼈다'고 했던 사카키바라 세이토(酒鬼薔薇聖 斗)[2]라고 자칭한 소년A와 비슷하다.

제인이 체포되자 사람들이 수사 당국에 "제인이 그런 짓을 했을

---

2) 1997년 고베시에서 일어난 아동연속살인사건의 범인은 당시 14세의 중학생으로, '사카키 바라 세이토(酒鬼薔薇聖斗)'라는 이름으로 신문사에 범행성명문을 보내기도 했다.

리 없다!"며 항의해 왔다. 평소의 그녀는 사람들과 잘 어울리는 밝고 쾌활한 캐릭터였던 탓에 주변인들로서는 상상도 못할 일이었기 때문이다.

참고로 정신감정을 위해 형무소에 복역 중인 사이코패스와 면담하러 온 심리학자들도 종종 "이렇게 언행이 정중하고 신용할 수 있는 인물이 형무소에 들어온 걸 보면 뭔가 잘못된 것이 틀림없다."고 이야기한다고 한다.

놀랍게도 제인은 체포된 다음해에 무죄를 언도받는다. 당시의 의학으로는 '정신착란'이라고 진단받으면 책임 능력이 없다고 인정되었던 것이다. 제인은 극히 냉정하게 자신이 저지른 살인을 자각하고 있었기 때문에 그 진단 결과를 듣고 오히려 곤혹스러워했다고 한다.

사이코패스는 중증의 조현병과는 달리 망상이나 환각 증상이 없다. 멀쩡한 의사 결정이 불가능한 심신 상실·미약 상태가 아니라, 오히려 의식은 명석하다고 한다. 다른 정신질환의 경우는 환자 자신이 고민하거나 괴로워하지만, 사이코패스는 본인의 상태에 대한 불쾌감이 거의 없다.

사이코패스가 선천적인 것인지, 아니면 후천적인 영향으로 만들어지는 것인지는 아직 의견이 분분하다. 그 토론은 3장에서 구체적으로 소개하기로 하고, 여기에서는 제인이 어떤 가정에서 자랐는가만 짚어두자.

랜디 크래프트가 중류 가정에서 자라 고등교육을 받은 것과 달리, 제인은 아일랜드 이주민의 집안에서 태어났다. 당시 미국에서 아일랜드 이주민은 차별을 당했던 탓인지, 그녀는 주변인에게 자신을 '이탈이아 고아'라고 속인다.

그녀는 한 살에 어머니를 여의고, 부친은 정신병을 얻어 아이를 키울 형편이 되지 않았다. 할머니도 경제적으로 곤궁하여 그녀를 보살필 수 없었다. 결국 다섯 살까지 시설에서 생활하다 양녀로 들어갔는데, 그곳에서 제인은 딸이라기보다 하녀 취급을 당한다.

제인은 출신을 속였을 뿐만 아니라 허언증이 있는 인물이었다.

"우리 언니는 영국의 귀족이랍니다."

"나는 사실 러시아의 황제에게 간호사로 와 달라는 제안을 받았지만, 정중히 거절하고 이곳에 있는 거예요."

제인은 누구에게든 이런 허언을 일삼았으며, 종종 타인의 물건을 훔치기도 했다. 그런 점으로 미루어 제인은 사이코패스였을 뿐 아니라 〈자기성애 인격장애〉일 가능성도 있다. 있는 그대로의 자신을 사랑하지 못하고, 자신은 특별하고 위대한 존재라고 믿는 장애다. 제인은 본인의 거짓말에 죄의식이 없었고, 범행 후에도 태연히 사람들과 어울리며 웃고 떠들었다.

설레는 마음으로 토막을 내다

첫 심문에서 제인은 "서른한 명을 죽였다"고 자백했지만, 이후 "적어도 100명은 죽였다."고 진술을 바꾸었다. 진실을 감추고 있었던 것인지 혹은 그저 과장한 것인지, 어쩌면 너무나 많은 사람을 죽여서 단순히 숫자를 정확하게 기억하지 못하는 것일 수도 있다. 그 이유가 무엇이든, 그녀는 깊은 고뇌 혹은 감정적인 폭력 충동도 없이 거의 사무적인 태도로 사람을 죽였다.

그녀를 사이코패스라고 생각하는 이유는, 표면적으로는 사람 좋아 보이고 매력적이지만 자신을 포장하기 위해 상습적으로 거짓말을 하고, 타인의 아픔을 완전히 무시한 채 자신의 쾌락만을 만족시키려고 했기 때문이다. 로버트 헤어는 "사이코패스는 추수감사절의 디너에서 칠면조를 자를 때 느끼는 설렘으로 피해자를 고문하거나 토막 낸다."고 표현하고 있다. 제인의 행동에 딱 들어맞는 설명이라고 하겠다.

사이코패스인 살인자가 사이코패스가 아닌 살인자와 크게 다른 것은 계획적으로 범행을 저지른다는 점이다.

캐나다의 브리티시 콜롬비아 대학교의 심리학자 마이클 우드워스와 스티븐 포터는, 2002년에 캐나다연방형무소에 투옥된 남성 살인범 125명을 대상으로 〈사이코패스의 범죄 계획성〉에 대한 조사를 실시하였다. 보통 살인은 두 종류로 나뉘는데, '충동적인 무계획

살인'과 쾌락·금전 등 어떤 이익을 목적으로 미리 계획한 '수단으로서의 살인'이 있다. 투옥된 살인범 중 비사이코패스는 '수단으로서의 살인'이 48.4%인 것에 비해, 사이코패스는 93.3%에 이르렀다.

또한 사이코패스는 살인을 할 때, 사람을 죽이는 데 필요한 수준 이상의 폭력을 가하는 경향이 있다고 한다. 예를 들면 단순히 목을 졸라 질식사시키는 것에 그치지 않고 사체를 손상시키거나 고문이나 구타, 절단과 같은 가학적 행위를 좋아하는 것으로 알려져 있다.

이는 2003년에 우드워스와 포터가 38명의 성적살인자를 대상으로 한 〈사이코패스와 성적살인(강간살인)의 관련〉 조사로 증명되었다. 비사이코패스는 52.6%, 사이코패스는 82.4%가 희생자에게 필요 이상의 폭력을 구사했던 것이다.

대부분의 범죄자는 발각되지 않기 위해(즉 증거인멸을 위해) 대상자를 죽이는 사례가 많은데, 사이코패스는 타인이 괴로워하는 모습을 관찰하는 것 자체에 희열을 느끼고 잔학한 행위를 하는 경향이 있다.

계획적이고 이성적으로 보이는 범행, 입막음 이상의 과잉 폭력… 이것이 사이코패스의 특징이다.

크리스토프 로캉쿠르(1967~)
거짓말이 들통나도 태연한 타고난 사기꾼

이번에는 살인범이 아닌 사이코패스를 소개하고자 한다. 프랑스와 미국을 넘나들며 사기 행각을 벌인 크리스토프 로캉쿠르라는 인물이다.

1967년 프랑스의 온프롤에서 주정뱅이 아버지와 창부 사이에서 태어난 크리스토프는 줄곧 시설에서 자랐다. 열여덟 살이 되던 해 그는 러시아의 귀족으로 분하여 여자친구의 아버지가 소유한 건물을 자신의 명의로 문서를 위조하여 팔아먹고, 약 100만 프랑을 가로채는 사기 사건을 일으켰다.

그 후에도 크리스토프는 갖은 거짓말로 몇몇 범죄에 손을 담갔는데, 덜미를 잡힌 계기는 생각지도 못한 엉뚱한 부분이었다. 그는 '록펠러 일가'라 칭하며 자산가를 상대로 수백만 달러 단위의 투자 사기를 진행 중이었는데, 그가 타고 다니던 차가 미국의 빅3(GM, 포드, 크라이슬러)가 아니라 일본의 마츠다였던 것이 의심을 사 꼬리가 잡힌 것이다.

체포된 후에도 크리스토프는 "나는 범죄자라고 생각하지 않는다. 머리를 써서 훔치는 거니까."란 말로 기자들을 당황시켰는데, 랜디 크래프트와 마찬가지로 그 또한 반성의 기미를 보이지 않았다.

오히려 그는 석방 후 강연회 등을 통해 사기꾼으로 살아온 자신의 인생을 비즈니스로 삼았다. 겉모습이 말끔했던 것도 한몫해 사기꾼 역할로 영화에 출연하기도 했다.

남아 있는 박스도 열어볼까요?
고토구 아파트 내 실종 살인사건

너무도 '대범한 거짓말'이라는 관점에서 소개하고 싶은 사건이 있다. 2008년에 도쿄 고토구에서 발생한 '여성 실종 살인사건'이다.

23세의 여성이 고토구의 자택인 아파트에 귀가했으나 돌연 실종되었다. 자택 현관에 그녀의 것으로 추정되는 소량의 혈흔이 남아 있었을 뿐, 아파트 출입구의 감시 카메라에는 그녀가 다시 나오는 모습이 없었으므로 아파트 안에서 없어진 것이 확실했다. 경찰은 아파트 내부를 수사함과 동시에 주민 한 사람 한 사람의 지문을 채취했다.

그러나 철저한 수사에도 불구하고 1개월이 지나도록 범인의 행방은 오리무중이었다. 의문과 불안감만 높아지던 중 자주 매스컴에 얼굴을 비치는 젊은 남성이 있었다. 그는 방송국의 인터뷰에서도 "(피해자를) 본 적은 없습니다.", "무섭네요." 같은 발언을 했었다. 사건 후 그는 아파트 관리회사에 전화하여 "좀 더 철저히 관리해 주시오.", "감시 카메라를 늘려주시오." 같은 요구사항을 늘어놓았다고 한다.

그런데 바로 그 남성이 범인이었다. 여성을 '성노예로 삼기 위해' 덮친 다음 살해하여 사체를 자택에 감추어 두고 있었다. 그 후 경찰의 움직임이 감지되자 사체를 토막 내어 하수구로 흘려보내거나 편의점 휴지통에 유기하였다.

비록 일시적이긴 했어도, 그는 어떻게 수사의 눈을 피할 수 있었던 걸까?

물론 그의 집에도 수사원이 방문했었다. 그의 집에는 박스들이 쌓여 있었고, 당연히 수사관들은 그것이 신경 쓰였다. 그는 태연한 얼굴로 수사에 협력하는 제스처를 취하고, 솔선해서 자기가 몇 개의 박스를 열어 보여주면서 "남아 있는 것도 보여드릴까요?"라고 묻기까지 했다.

실은 그때까지만 해도 아직 피해자의 사체는 박스 안에 있었기 때문에, 수사관이 박스를 하나하나 전부 열어서 확인했다면 그는 그 자리에서 체포되었을 것이다. 하지만 남성이 너무나도 당당해 보였기 때문에 수사관은 의심을 거두었다. 결과적으로는 범행 현장에 남아 있던 부분 지문과 범행 시간대에 그 층에는 피해자 여성과 그밖에 없었다는 것이 체포의 결정적인 증거가 되었다.

경찰에게 사정을 취조당하고 집이 수색당하는 상황이라면, 아무리 나쁜 짓을 하지 않았다고 해도 보통은 긴장하는 게 당연하다. 그런데 사체까지 숨겨놓은 상황에서 아무것도 모르는 척 태연하게 거짓말을 할 수 있었던 걸 보면, 그도 사이코패스일 가능성이 높다.

처참한 살인사건을 저지른 범인이 잡힌 다음, 주변에 인터뷰를 해보면 "그 사람이 왜?", "진짜 그런 사람으로는 보이지 않았는데!"라는 소리를 자주 듣는다.

어쩌면 이는 자연스러운 일이다. 사이코패스는 평범하게 혹은 모범적이고 '좋은'사람인 척 꾸미는 능력이 뛰어나기 때문이다.

사이코패스는 첫인상이 아주 좋다. 예의 바르고, 재능이 있고, 사람에 따라서는 순수하게도 보인다. 쉽게 상대의 신뢰를 얻을 수 있는 것도 그들의 특징 중 하나이다.

2. 사이코패스의 심리적·신체적 특징

사이코패스의 전형적인 성격

사이코패스를 가려내는 일은 가능할까?

지금까지의 연구로 알려진 사이코패스의 특징 몇 가지를 소개해보자.

사이코패스라고 하면 앞서 소개한 인물들처럼 '냉철하고 엽기적인 살인귀'의 이미지가 강할 수도 있지만, 꼭 그런 것만도 아니다.

사이코패스에도 몇 가지 타입이 있다. 매력적이고 사교적이며 기지가 넘치는 사람, 제멋대로에 교만하고 인간의 감정 상태를 이용하는 사람, 냉담하고 위협적인 사람…. 여성 사이코패스는 남성 사이코패스와 달리 유약함을 어필함으로써 표적을 유인하기도 한다.

또한 사이코패스는 처음 만났을 때와 달리 어느 정도 관계가 구축되면 태도가 변하는 경우가 많다. 마치 인격이 다른 사람인 것처럼 보이는 일도 빈번하다. 그러므로 첫인상이나 어딘가에서 주워들은 선입견으로 사이코패스를 판별할 수 있다고 자만하지 않는 편이 좋다. 그 모습과 행동을 신중히 살펴볼 필요가 있다.

겉모습으로 사이코패스를 판별하는 법

〈사이코패스를 겉모습으로 구별할 수 있을까?〉에 대한 연구가 있다.

영국의 리버풀 대학교를 중심으로 한 연구 그룹은, 사이코패스를 포함한 남성의 얼굴 사진을 여성 피험자들에게 보여주고 "누가 가장 남자다운가?"를 물었다. 그러자 피험자의 여성들은 사이코패스를 일반 남성보다 '남자답다'고 판단했다(물론 사이코패스에 대한 언급은 하지 않았다).

그렇다면 〈남자다운 사람=사이코패스〉라는 공식이 형성되는 것인가? 하지만 아무리 그래도 이렇게까지 단순화할 수는 없는 법이다.

좀 더 직접적인 연구가 있다.

독일의 요한 볼프강 괴테 대학교의 연구 그룹은, 대학에 재적중인 남성 96명과 소년원에 수용되어 있는 남성 14명을 대상으로 얼굴의 가로와 세로 길이의 비율을 비교하였다. 그러자 가로 폭 비율이 높은 남성일수록 사이코패시 성향이 높거나 반사회적인 성향이 높다는 결과가 나왔다. 다시 말해서, 얼굴이 긴 남성보다 얼굴 폭이 있고 완고한 인상의 남성이 사이코패스일 가능성이 높다는 말이다.

다른 그룹의 실험에서도 비슷한 결과가 나와 있다. 캐나다의 브로크 대학교의 연구팀은, 146명의 남성과 76명의 여성 피험자들에게 게임을 시키고 그 모습을 관찰했다. 그들은 게임에서 교활함을 보이는 확률과 얼굴의 종횡 비율을 조사하였다. 이 실험에서도 가로 폭 비율이 높은 사람일수록 교활함을 보이는 경향이 있었고, 사이코패시 성향도 높다는 결과가 나왔다. 단, 남성에 비하여 여성은 그다지 상관관계가 없었다고 한다.

드라마나 영화의 이미지 때문인지 '사이코패스'라고 하면 길쭉한 얼굴형에 뱀 같은 인상을 떠올리는 사람이 많을 텐데, 실질적으로 조사가 보여주는 결과에 따르면 오히려 반대인 셈이다.

이미지와 실험 결과가 다른 이유에 대해서는 다음과 같은 가설을 세울 수 있다.

남성호르몬(테스토스테론)의 농도가 높을수록 얼굴이 옆으로 넓어지는 경향이 있다고 알려져 있다. 테스토스테론의 분비가 많으면 경쟁심과 공격성이 높아진다는 것 또한 증명되어 있다. 사이코패스는 강한 폭력성이 내재되어 있기 때문에 테스토스테론의 분비량과 모종의 관계가 있다고 생각할 수 있다.

심박수와 사이코패스의 상관관계

사이코패스는 겉으로 보이는 모습 외에도 신체적 특징이 있다.

예를 들어 심박수가 그렇다. 심장의 고동과 반사회성의 상관관계는 여러 실험 결과로 잘 알려져 있는데, 심박수가 아주 낮고 잘 높아지지 않는 사람일수록 반사회적 행동을 하기 쉽다고 한다.

영국의 케임브리지 대학교 범죄심리학 교수 데이비드 파린톤이 1997년에 제출한 연구 논문에 의하면, "안정시의 심박수가 낮은 아이가 10세 이전에 부모와 떨어지면 성인이 된 후 폭력 범죄를 일으키기 쉽다."고 한다.

심박수와 반사회성의 상관관계는 어린 시절부터 비교적 일정하게 나타난다. 에이드리언 레인의 1997년의 실험 결과에 의하면, "세 살 때 심박수가 낮은 아이가 나중에 폭력이나 비행을 저지를 확률은 평균 심박수의 아이보다 두 배"라고 한다.

에이드리언 레인은 홍콩 대학교에서 연구휴가를 보내면서 622명의 학생을 대상으로 〈빨간불을 무시한 횟수는 어느 정도인가〉라는 교통법규에 대한 일반적인 습관을 조사하고, 동시에 피험자의 심박수 데이터를 조사했다. 그러자 적신호를 무시하는 사람과 무시하지 않은 사람의 심박수가 확연히 다르다는 것이 밝혀졌다. 신호를 무시하는 그룹의 심박수가 낮았던 것이다.

원래 신호를 무시하는 게 당연한 문화와 그렇지 않은 문화에서는 결과가 다르게 나올 것이다(홍콩은 교통법규에 비교적 엄한 지역이다). 그저 신호를 무시하는 정도의 교통법규를 위반하는 데 심박수가 확연히 차이가 생겨나는 걸 생각하면, 중대한 반사회적 행위에서는 그 차이가 더욱 눈에 띌 것임을 알 수 있다.

미국의 저명한 임상심리학자인 니일 제이콥슨(워싱턴대학교 교수 겸 임상연구센터 소장)과 존 고트만(워싱턴대학교 교수)은, 심전도 검사를 통해 냉정함을 잃지 않는 타입의 학대자(필시 사이코패스)는 팔걸이의자에서 휴식을 취하고 있을 때보다 아내를 때리고 있을 때가 오히려 릴랙스 상태라는 사실을 알게 되었다.

남성이 여성보다 폭력성이나 반사회성이 높은 것은 연속살인 간호사 제인 도판을 소개하면서 잠깐 언급했는데, 그 근거나 이유가 있을까? 그에 대한 명확한 답은 아직 없지만, "남성이 여성보다 심박이 1분간 약 6회 정도 늦기 때문"이라고 추측하는 연구자도 있다.

두근거림이 억제 작용

어찌하여 심박수가 낮은 것이 폭력이나 반사회성으로 연결되는 걸까?

이에 대해서는 몇 가지의 가설이 있다.

예를 들어 사람을 계단에서 밀어 떨어뜨리거나 물건을 훔치는 등 도덕에 반하는 행위를 할 때(혹은 이제부터 하려고 할 때) 일반인은 심박수가 올라간다. 심박수가 올라가면 불안함이 증폭되어 패닉 상태가 되기도 한다. 그 시그널에 의해 '이런 짓은 하면 안 돼'라고 느끼고 그 행동을 반성하거나 중지한다.

다시 말해서 심박수의 변화가 지금부터 하려는 행동에 '이대로 정말 괜찮은 걸까? 위험하지 않을까?'라는 생각을 불러일으키고, 이로 인하여 두근거릴 만한 행위에는 그리 간단히 발을 들여놓지 않는 것이다.

하지만 도덕에 반하는 행위를 하려고 해도 심박수가 높아지지 않는 사람은 '이런 짓을 하면 안 돼', '이런 짓은 못해' 같은 브레이크가 잘 듣지 않기 때문에 반사회적 행동을 취하기가 쉬워진다.

또한 심박수가 낮은 인간은 위험한 상황, 긴장이 될 만한 상황이라도 이를 받아들이는 느낌이 둔하다. 보통 사람은 위험을 느끼고 심장이 벌렁거리는데, 본래 심박수가 낮은 사람은 심박수가 거의 변하지 않기 때문에 보통 사람이 어떤 기분일지 이해하기 힘들다. 그래서 쉽게 선을 넘어버리는 것이라는 의견도 있다. 즉 심박수가 낮은 인간은 일반인과 같은 감정을 느낄 수 없기 때문에 상대에게 공감하는 능력이 떨어지고, 반사회적인 행위에 대한 거부감이 낮아진다는 말이다.

혹은 "심박수가 평균 이하인 사람은 심박수가 낮음으로써 생리적인 불쾌감을 느낄 수 있기 때문에 심박수를 최적 레벨로 올리기 위해 강한 자극을 원하게 된다."라는 가설도 있다. 심박수가 낮은 상태란 뇌의 각성 레벨이 낮은 상태라고도 할 수 있다. 나른한 것 같기도 하고 뭔가 개운하지 않은 것 같기도 한 느낌이 드는 거다. 그것이 불쾌감으로 작용하여 뇌를 각성시키기 위해 자극적인 행동, 폭력으로 치닫게 된다는 이론이다.

물론 심박수가 높아지기 힘든 특징이 당사자나 사회에 플러스로 작용하는 경우도 있다.

예를 들어, 하버드 대학교의 연구자 스탈린 랙크만은 베테랑 폭발물처리반 대원을 대상으로 심박수를 비교해 보았다. 수훈 경험의 유무로 그룹을 나누어 대원들이 높은 집중력을 필요로 하는 위험한 직무를 수행하고 있을 때의 심박수를 측정한 것이다. 그러자 놀랍게도 수훈 경험이 있는 대원은 위험한 일을 시작하자 오히려 심박수가 감소했다.

이러한 연구들은 '낮은 심박수는 성격상의 특성과 관련된 일종의 자질'임을 보여주고 있다.

사이코패스 중에는 범죄자뿐만 아니라 경영자나 변호사도 많다는 것은, 심박수가 낮다는 특징을 생각하면 납득할 만한 일이다. 청중 앞에서의 프레젠테이션이나 법정에서의 변론 등 일반인이라면 긴장하여 실력을 발휘하기 힘든 장소라도 심박수가 높아지지 않으면 냉정하게 행동할 수 있기 때문이다.

사이코패스는 IQ가 높다?

그렇다면 이른바 '머리가 좋다'는 면은 어떨까?

사이코패스를 소재로 한 픽션의 영향들로 사이코패스는 IQ가 높은 '천재'라는 이미지를 가지고 있는 사람이 적지 않다.

그러나 통계 자료에 의하면, 사이코패스와 일반인의 IQ 평균은 별반 다르지 않다. 사회성을 검사하는 척도에 주목하여 분류하면, 오히려 사이코패스의 IQ가 조금 낮을 정도다. 사이코패스가 우수한 지능을 가지고 있다는 건 그저 선입견일 뿐, 일반인과 마찬가지로 똑똑한 사람도 있고 모자란 사람도 있는 거다.

다만 일반인들이 사이코패스를 '높은 지능을 가진 존재'로 착각하는 것은, 사회 통념상 '할 수 없는' 일을 거리낌 없이 해내기 때문이다. 아니, 윤리적인 장애 따위는 원래부터 존재하지도 않는 것처럼 행동하기 때문이다.

일반인들은 보통 '사회적인 규범이 질서를 유지한다'고 생각하고, 인간의 바탕 또한 성선설로 믿고 행동한다. 그러나 사이코패스는 일말의 죄책감도 없이 사회적인 규범을 무시하고, 선악의 구별 없이 모든 일에 태연하다. 그런 사람이 하는 거짓말이나 부정을 어떻게 꿰뚫어볼 수 있겠는가.

일반인들이 '사이코패스는 머리가 좋다'고 착각하는 것은, 평범한 사람과는 다른 행동을 하는 이에게 특수한 능력을 부여하는 인지 바이어스의 하나일 뿐이다.

단, 사이코패스 중 폭력성과 충동성이 낮은 그룹은 일반인보다 지능이 높다는 연구 결과도 있다.

적극적인 성향이 불안을 잠재우다

얼굴의 종횡 비율이나 심박수, IQ와 같은 형질이 아니라, 이제 사이코패스의 구체적인 행동에 대하여 살펴보기로 하자.

노르웨이의 베르겐 대학교 팀은 2014년 발표한 논문에서 '사이코패스의 행동'에 대한 흥미로운 실험을 소개했다. 19~71세의 남성 죄수 74명을 대상으로 실시한 실험 결과, "사이코패스는 불안의 강도가 높아지는 상황에서도 주도권을 잡으려고 하는 경향이 높았다."고 한다.

일반적으로 인간은 스스로 아무것도 할 수 없는 환경에 놓이면 불안을 느끼는 강도가 높아 위축되고, 상황을 컨트롤할 수 있게 되면 불안의 강도가 낮아 대범해진다.

그런데 앞선 실험에서 밝혀진 것처럼, 사이코패스는 불안의 강도가 높은 상황에서도 적극적인 행동으로 주도권을 잡으려고 하는 성향이 강하다. 베르겐 대학교 연구팀은 "사이코패스는 모든 상황을 자신이 컨트롤하기 때문에 어떤 상황에서도 불안의 강도가 낮은 것은 아닐까."라고 결론짓고 있다.

이외에도 '불안'이라는 측면으로 사이코패스에게 접근한 흥미로운 연구가 있다.

영국과 캐나다의 합동 연구팀은 '검거하기 쉬운 사이코패스'와 '검거하기 어려운 사이코패스'의 차이를 조사했다. '검거하기 쉬운 사이코패스'란 앞서 소개한 제인처럼 망설임 없이 나쁜 짓을 저지르기 때문에 그만큼 노출되기도 쉬운 타입이다. 반면 '검거하기 어려운 사이코패스'란 우리 사회에 녹아들어 이웃으로 살아가는 사이코패스를 말한다.

대체 이 차이는 어디에서 생기는 것일까?

예를 들어, 일반인은 위압적인 태도를 취하는 대상이 눈앞에 있으면 심리적 압박을 느껴 기분이 나빠지고, 위기 상황에 처하면 불안의 강도가 높아진다.

그러나 '사이코패시 성향이 높고, 검거하기 쉬운' 타입은 어떠한 상황에 놓여도 불안의 강도가 높아지지 않는다. 위험한 상황에서 불안을 느끼지 않으면 그만큼 자신을 죄어오는 위험을 알아차리기 어렵고, 그 상황을 회피하기 힘들어진다.

그렇다면 '사이코패시 성향은 높지만 검거하기 어려운' 타입은 어떨까? 역시 기본적으로는 불안을 느끼지 않지만 '슬슬 위험한데' 싶은 순간이 오면 단숨에 불안의 강도가 높아졌다. 아슬아슬한 수준에서 불안이 덮쳐와 '이러다 꼬리가 잡힌다'는 위험을 알아차리고 한 발 물러서기 때문에 검거하기 어려운 것이다.

이처럼 위기 상황을 알아차리고 긴급 회피할 줄 아는 사이코패스가 질적으로는 더 위험하다고 할 수 있다.

상대의 눈에서 감정을 읽다

사이코패스의 특징 중 하나로 '공감 능력의 결여'를 꼽는다. 기아나 전쟁 등 비참한 영상을 보여주어도 사이코패스의 뇌는 감정을 관장하는 부분이 활성화되지 않는다.

미국 국립정신위생연구소(NIMH)에 소속되어 있는 저명한 정신의학자 제임스 블레어, 데릭 미첼, 카리나 블레어의 공저인 『사이코패스 -냉담한 뇌』에 의하면, "타인의 슬픔을 눈앞에서 보았을 때, 사이코패스는 일반인보다 자율신경[3]의 반응이 약하다."고 한다. 또한 표정이나 음성으로 타인의 감정을 읽어내는 실험을 통해, '분노', '기쁨', '놀라움' 같은 감정은 일반인과 비슷한 정도로 읽어내지만, '공포', '슬픔'을 알아차리는 능력은 결여되어 있음을 발견했다.

하지만 상대의 심정을 전혀 헤아리지 못하면 속이는 것 또한 불가능하다. 마음을 휘어잡으려면 상대의 감정을 먼저 읽어내야 한다.

---

3) 자율신경은 24시간 무의식적으로 작용하며, 호흡 · 순환 · 대사 · 체온 · 소화 · 분비 · 생식 등 생명활동의 기본이 되는 기능이 항상성(homeostasis)을 유지하는 데 중요한 역할을 한다.

사이코패스에게 공감성이 결여되어 있다면, 어떻게 타인의 마음을 가지고 놀 수 있는 걸까?

실은 사이코패스는 상대의 눈매나 표정을 통해 그 사람이 놓인 상황을 읽어내는 재능이 뛰어나다. 얼굴 중 두 눈만 클로즈업된 사진을 보여주고 감정을 읽어내는 과제를 주면, 일반인의 정답률은 30% 정도인 것에 비해 사이코패스의 정답률은 놀랍게도 70%에나 이른다. 비록 자신이 공감하지는 않더라도 사이코패스는 상대의 눈매를 보고 슬픔과 괴로움의 심리 상태를 읽어내는 것이다.

참고로, 일반인은 사이코패스의 눈에서 감정이나 생각을 잘 읽어내지 못한다는 실험 결과도 있다. 사이코패스는 표정에 감정이 전혀 드러나지 않기 때문이다.

예를 들어, 눈 깜빡임의 빈도는 '불안의 강도를 컨트롤하는 능력'을 알려주는 지표이다. 눈 깜빡임의 횟수가 많을수록 불안을 컨트롤하는 능력이 떨어지는 것인데, 사이코패스는 일반인보다도 눈을 깜빡이는 횟수가 적다.

감정을 뒤흔드는 말에 둔감하다

'공감'은 하지 않지만 알아차리는 능력이 있는 사이코패스에 관한 다른 실험도 있다.

로버트 헤어는 자원봉사자인 피험자에게 나열된 알파벳을 보여주고, 그 알파벳들로 단어를 만들 수 있는지 판단케 했다. 사실 이 실험은 판단력의 속도를 측정하는 게 아니라, 단어의 의미에 어떤 심리적 반응을 보이는지 조사하는 실험이었다.

보통의 피험자는 't-r-e-e(나무)' 같은 특별할 것 없는 단어에는 변화가 없었지만, 'r-a-p-e(강간)' 같은 불안감을 일으키는 단어에는 강한 반응을 보였다. 그러나 사이코패스의 경우, 흔한 단어든 선정적인 단어든 전혀 변화를 보이지 않았다.

이런 특징은 이미 다른 실험에서 밝혀진 바 있다. 사이코패스는 '당신을 사랑합니다'라고 말할 때와 '커피를 마시고 싶다'고 말할 때의 뇌파 움직임이 전혀 달라지지 않았다고 한다.

이상심리학의 대가인 스기우라 요시노리(히로시마 대학교 부교수)는 저서 『타인을 상처 입혀도 아무렇지도 않은 사람들』에서 "사이코패스의 행동은 국어 시험 문제를 풀고 있는 것과 같다."고 서술하고 있다. '그 사람이 어떤 기분이었을지 30자 이내로 쓰시오'와 같은 질문에 답하는 것과 같다는 말이다. '그 사람의 기분을 정말 아는'것보다는 '문맥에서 유추하여 해당 부분을 발견해야' 고득점을 얻는 것처럼, 마찬가지 작업을 하고 있다는 말이다.

사이코패스는 '남들은 이런 상황에서는 이렇게 느끼고, 이렇게 생각하는 것 같다'는 공식을 외워서 문제의 답을 찾듯 상대의 마음을 독해하고 조종한다. 그렇게 사람의 약한 부분에 파고들어 컨트롤하는 기술을 몸에 익혀 나가는 것이다.

사이코패스는 본인이 남과 같은 감정을 공유하지 못한다는 사실을 자각하고 있으며, 타인에게 이 사실이 밝혀지면 자신에게 불리하다는 것도 머리로 이해하고 있다. 그래서 다른 회로를 사용하여 대응하는 것이다.

예를 들면, 당신 주위에 이런 사람은 없는가?

일단, 상대에게 은혜를 베푼다. 돈이 필요하면 돈을 주고, 인맥이 필요하면 인맥을 제공한다. 따로 부탁하지 않아도 살뜰하게 챙겨준다. 관계의 초기 단계에서는 아무튼 '이 사람은 좋은 사람', '이렇게나 나를 도와주다니 정말 고마운 사람'이란 생각이 들게 한다.

하지만 어느 정도 신뢰관계가 쌓인 후에는 맥락 없이 혹은 아주 작은 일에 폭발한다. '저리 좋은 사람이 화를 내다니, 내가 뭔가 잘못했나?' 싶은 마음에 실제로는 사과할 이유가 없는 데도 '관계를 유지하기 위해서' 먼저 사과하는 게 좋겠다는 마음이 들게 한다. 뭔가 트집을 잡아 "그렇게 잘해 주었건만, 이게 뭐하는 짓이야?" 같은 말로 화를 내면, 보통은 은혜를 입은 사람에게 반박하기는 어려우니까 본인이 나쁜 게 아니더라도 일단 사과를 한다. 그러면 다시 태도를 바꾸어 사과를 받아들이며 "그렇게 솔직하게 사과하다니, 역시 인격이 훌륭한 사람은 달라." 같은 말로 상대의 자존심을 어루만지며 추켜세운다.

이렇게 당근과 채찍을 반복하면서 '화나게 하고 싶지 않다', '미움 받고 싶지 않다'라는 벌을 회피하는 마음과 '칭찬받고 싶다', '예전처럼 좋은 관계를 유지하고 싶다'는 욕망을 교묘하게 자극하여 은혜를 입은 사람에게 무언가 돌려드려야겠다는 〈호의의 보답〉을 악용하는 것으로 상하관계를 완성해 나간다.

직장생활이나 연애 등 좁은 인간관계 속에서 때로는 당신의 자존심을 어루만지며 충족시켜주고, 때로는 불같은 화로 당신을 굴복시키는 사이에 점차 그 사람의 낯빛을 살피면서 행동하게 된 경험은 없는가? 극단적인 경우에는 그의 허락 없이는 어떤 행동도 할 수 없는 지경에 이르게 된다. 당신을 그렇게 만든 상대는 어쩌면 사이코패스일지 모른다.

사이코패스는 이러한 테크닉을 구사하여 천천히 상대방을 사로잡는다. 상대의 눈매나 표정으로 흔들리는 마음을 읽어내고, 냉철하게 수위를 조절하면서 아주 자연스럽게 상대방의 인생을 조종하는 것이다.

사이코패스가 중시하는 도덕성 & 무시하는 도덕성

지금까지 살펴본 특징 외에 다른 내면적인 특징은 없을까?

흔히 사이코패스에게는 '양심이 없다', '도덕심이 결여되어 있다'고 한다. 그 부분을 살펴보기 전에 일단 '도덕심'에 대해 먼저 알아보자.

미국의 사회심리학자 조나단 하이트(버지니아 대학교 교수)는, 도덕심을 다섯 가지로 분류한 다음 사이코패스는 대체 어떤 종류의 도덕심이 낮은지 조사해 보았다.

하이트의 분류는 다음과 같다.

① 타인에게 위험을 가하지 않는 도덕심
'살인하면 안 된다' 같은 일반적인 도덕규범에 해당하는 것들이다.

② 공정한 관계를 중시하는 도덕심
예를 들어 '나는 바람을 펴도 되지만, 상대의 바람은 용서할 수 없다'처럼 일방적이지 않은 공정함이다.

③ 공동체로의 귀속, 충성에 관한 도덕심
하이트는 소속한 집단이나 조직을 소중하게 생각하는 마음도 도덕심의 하나라고 생각했다.

④ 권위를 존중하는 도덕심
본인보다 지위가 높은 사람을 존경하고 지위가 낮은 사람에게는 반항을 허락하지 않는, 서열의 중시가 여기에 속한다.

⑤ 신성함, 순결함을 귀히 여기는 도덕심
여기에는 종교심, 신앙심도 포함된다.

하이트의 연구에 의하면, 사이코패스라고 해서 이 5개 항목의 도덕심을 전부 가볍게 여기는 것은 아니라고 한다. 어떤 부분은 존중하고, 어떤 부분은 가볍게 여길 뿐이다.

그렇다면 무엇을 중요시 여기고, 무엇을 무시하는 걸까?

극단적으로 점수가 적었던 것은 1과 2, 즉 타인에 대한 배려와 공정성에 관한 척도였다.

그러나 공동체에 대한 충성심, 권위의 존중, 신성함에 관한 척도는 의외로 높았다고 한다. 아마도 이 세 가지 도덕심은 생존전략으로써 필요하기 때문일 것이다.

예를 들어, 폭력단과 같은 반사회적 세력에서는 조직에 대한 충성심이나 서열을 중시하고, 두목 승계 같은 의식을 통해 권위를 부여하고 신성함을 강조한다. 반사회적인 세력에 가입한 사람들은 반사회적인 가치관을 가진 사람, 즉 사이코패시 성향이 높은 사람이 많을 터이다. 그런 사람들을 지배하고 조종하는 간부들은 더더욱 사이코패시 성향이 높다고 볼 수 있다. 블랙기업[4]의 경영자와 그 간부에게도 비슷한 성향이 있을지 모른다.

하이트의 연구는, 타인에게 위해를 가하는 것에는 저항이 없어도 자신들의 조직 속에서는 충성심이나 권위를 중시하는 반사회적 집단의 조직 논리를 풀어내는 힌트가 될 것이다.

---

4) 블랙기업 : 고용 불안 상태에서 일하고 있는 청년 노동자들에게 저임금과 장시간 노동 등 불합리한 노동을 강요하는 기업을 이르는 말. 일본의 청년들이 열악한 노동 현실을 알리기 위해 사용한 신조어.

본인과 관계없는 일에는 무관심

사이코패스에게 아무리 인간적인 감정이 결여되어 있다고는 해도, 모든 감정을 느끼지 못하는 것은 아니다. 확실히 공포나 불안에 대한 반응은 낮지만, 경우에 따라서는 일부 감정이 강렬하게 표현되는 때도 있다.

예를 들면 사이코패스에게도 '질투'의 감정은 있다.

물론 자신과 손익 관계가 없는 사람에게는 무관심하다. 즉 자신과 직접적인 이해관계가 없으면 집단 속에서 누가 이득을 보든 흥미를 보이지 않는다. 누군가 운 좋게 공돈을 벌거나 여유로운 생활을 하는 것만으로도 어떻게든 뒷담화를 하고 싶어 안달인 사람들을 생각하면, 그런 측면에서 사이코패스는 아주 쿨하다.

누군가를 비판한다는 행위는 쾌감을 주는 동시에 상대에게 복수당할 리스크도 짊어져야 한다. 비판만으로는 아무런 메리트도 없으므로, 복수의 코스트를 짊어질 바에야 개체의 생존에는 무관심한 편이 유리하다고 냉철하게 판단하는 것이다.

사이코패시 성향이 높은 사람을 찾아내는 〈최후통첩 게임〉이라는 심리실험이 있다.

눈앞에 1만 엔이 있다고 하자. 게임 참가자는 두 명이다. 지금 나와 당신이 참가한다고 하자.

나에게는 두 사람이 어떤 비율로 1만 엔을 나눌지 제안권이 있고, 당신에게는 승인권·거부권이 있다. 내가 정한 분배 비율에 불만이 있으면 당신은 거부권을 행사할 수 있다. 즉 '이런 불공평한 배분은 받아들일 수 없다'는 마음이 들면 거부권이라는 형태로 복수할 수 있다는 말이다. 단, 거부권을 행사하면 두 사람 모두 돈은 한 푼도 받을 수 없다.

이 게임을 통한 반응으로 피험자의 심리적 성향을 알 수 있다. 불공평한 거래에 대한 거부권을 행사하는 비율이 높은 사람은 성격의 5요인 모델[5]에서 조화성의 점수가 높다는 실험 결과도 나와 있다.

"자, 이번에는 내가 9,900엔을 가져갈게요. 당신은 100엔으로 괜찮겠어요?"

'뭐? 왜 나는 100엔뿐인 거야? 좀 불공평하지 않아?'일반인들은 대부분 그렇게 느낄 것이다.

그렇다면 사이코패시 성향이 높은 사람은 어떨까?

'어떤 비율이든 안 받는 것보다는 받는 게 낫지'라는 이유로 거부하지 않는다. '상대에게 복수하듯 거부권을 행사하는 것보다는 1엔이라도 받아두는 게 이득'이라고 냉철하게 판단하기 때문이다. 이런 냉철함은 IQ와는 관계가 없고, 그저 단순히 타인에게 관심이 없을 뿐이다. 사이코패스에게는 자신의 손익만이 중요하지 상대방의 이

---

5) 5가지 성격 특성 요소. 신경성, 외향성, 친화성, 성실성. 경험에 대한 개방성.

익이나 잔꾀에는 아무런 관심도 없다.

이처럼 철두철미하게 자기중심적인 사이코패스도 '이 녀석은 내 동지다'라고 인정한 사람에게는, 설혹 본인이 손해를 보더라도 '그를 위해' 움직인다. 그(동지)에게 이익이 생기면 자신도 간접적인 이익을 보기 때문이다.

그들이 네거티브 감정을 품는 것은, 자신이 이미 소유한 것(돈이나 연인 등)이나 자신의 소유로 여기는 것을 빼앗겼을 때 혹은 자신이 원하고 있는 것을 빼앗겼을 때이다. 이때는 벌 받을 가능성을 가늠하지 않고 과감히 빼앗기 위한 행동에 돌입한다.

사이코패스의 고민

'아픔'에 대한 감정이 둔하다고는 해도, 당연히 사이코패스에게도 고민거리나 괴로운 일은 있다.

대체 그들의 고민은 무엇일까?

중국의 우한 대학교 연구팀이 2015년에 발표한 연구 논문에 의하면, 사이코패스의 가장 큰 고민은 '고독'이라고 한다. 대체로 그들은 타인과의 신뢰관계를 맺는 일이 서툴다. 신뢰관계를 쌓아도 사람들의 아픔을 알 수 없으니, 사이코패스 특유의 행동이 일반인의 감각으로는 이해할 수 없는 탓에 일시적인 관계로 끝나고 만다.

주위의 사람이 자꾸만 떠나게 되면 서서히 '인간관계는 단기적으로 끝나는 것'이라고 단정 짓고 행동하므로 점점 파탄으로 치닫는다. 그로 인해 점점 더 고독해지는 모양이다.

'감정을 공유할 수 없는 인간'이라는 사실이 주위에 알려지면, 평범한 사람들은 자신과 다르다는 이유만으로 '위험'하다고 인식하기 때문에 점점 더 고립될 수밖에 없다. 커밍아웃하는 것도 어렵지 않은가.

오스트레일리아의 웨스턴 시드니 대학교의 연구팀이 미국 노동자를 대상으로 한 조사가 있다.

그 조사에 의하면, 사이코패스는 직장 환경을 '서로 협력하는 장소'라기보다 '경쟁하는 장소'라고 받아들이는 경향이 높다고 한다. 직장이 약육강식의 세계로 보이는 것이다. 자신 이외의 인간에게 관심을 갖지 못하고, 직장을 '서로 협력하여 이익을 내는 곳'이라고 인식하지 못한다. 따라서 게임처럼 '승리'를 원하게 된다. 하지만 일에 대한 충족도나 '성공'에 대한 만족도가 낮은 경향을 스스로 알고 있다. 이 또한 사이코패스가 품는 고민 중 하나다.

인지행동요법의 이론적 기초를 만든 미국의 정신의학자 아론 벡(펜실베이니아 대학교 교수)은, "사이코패스는 스스로를 '강하고 자립적인 한 마리의 늑대'라고 인식한다."고 말한다. 다른 인간들이 '착취당하는' 약하고 둔한 희생양으로 보이는 것이다. 벡은 또한 "스스로를 지키고 '뺏는 쪽' 인간이 됨으로써 '뺏기는 쪽'을 벗어날 수 있으므로, 사이코패스는 '나는 사회의 규범을 파괴할 권리가 있다'고 믿고 있다."고 지적하고 있다.

리버풀 대학교의 심리학자 로널드 블랙번과 J. 마이클 리 에반스는 "사이코패스의 행동은 '타인에게 사악한 의도가 느껴진다'는 인지 오류로 일어난다."고 주장한다. 즉 사이코패스는 '주위의 인간이 나에게 적의를 가지고 있다'고 인식하기 때문에 그들도 적의를 가지고 대항한다는 것이다.

이 세상이 악의로 가득 찬 세계로 보인다면 사이코패스는 얼마나 슬픈 존재인가!

말솜씨가 좋고, 주장이나 태도를 잘 바꾸고, 자기중심적인 데다 지배욕이 강하고, 자신의 과실 책임은 100% 남 탓이라는 변명을 하고, 과대망상에 젖어 있는 것처럼 보이는 사람….

그러나 그들에게는 주의의 인간이 모두 적으로 보이는 까닭에 지금 있는 세계를 파괴해야만 한다. 자신이 파괴한 결과를 앞에 두고도 딱히 어떤 감정도 일어나지 않는다. 모든 대상에게 애정이나 애착이 결여되어 있으니 일에 대한 책임감 또한 생기지 않는다. 지금의 일에 대한 만족도도 적고, 관심거리도 자주 바뀌고, 만나는 인간도 수시로 갈아치운다.

사이코패스는 만성적인 지겨움에 시달린다고 알려져 있다. 잘 질리고, 바로 흥미의 대상이 바뀌는 그 모습은 흡사 어린 아이와도 같다.

하버드 메디컬 스쿨의 심리 세라피스트 마사 스타우트의 말을 빌리면, "사이코패스는 타인과 연을 맺지 못할 뿐 아니라, 자기 자신과의 연도 맺지 못한다."고 한다.

반사회행동에 관한 4가지 가설

이번 장에서는 사이코패스라고 짐작되는 사람의 예와 사이코패스의 겉모습이나 행동의 특징에 관한 연구를 소개해 보았다.

랜디나 제인은 충동적으로 욱해서 사람을 죽인 것이 아니라, 극히 냉철하게 범행을 저질렀다. 사기꾼인 크리스토프도 마찬가지다. 그들은 마치 숨을 쉬는 것처럼 거짓말을 하고, 거짓말을 하는 순간에도 그 다음에도 평소와 다름없는 냉정함을 유지했다.

어떻게 그럴 수 있었을까?

어찌하여 사이코패스는 그런 특징을 가지고 있는 것일까?

사이코패스의 반사회적 행동 요인에 대해서는 크게 나누어 네 개의 가설이 있다. 다음 장부터는 이 4가지 가설에 의거하여 사이코패스의 근원에 다가가고자 한다. 4가지 가설은 다음과 같다.

① 결여 가설 (낮은 공포감 가설)

공포나 불안에 대한 감정이 결여되어 있기 때문에 특징적인 행동이 나타난다는 가설이다. low fear hypothesis, 즉 낮은 공포 감정 가설이다.

이것은 미국의 행동유전학자 데이비드 리켄이 제창한 이론이다. 충동적으로 나쁜 짓이나 폭력을 휘두르려고 했다가도 보통은 '잡히면 큰일'이라는 공포나 불안이 생겨나기 때문에 그 감정이 브레이크가 되어 대부분의 사람은 그만두게 된다.

그러나 일부의 사람들은 이렇듯 브레이크로 작용하는 불안도가 낮은데, 그들이 바로 사이코패스라는 말이다. 그들은 반사회적 행동에 대한 거부감을 가지고 있지 않거나 혹은 가지고 있어도 거의 기능하지 않는다.

② 주의 결여 가설(반응 조정 가설)

주의를 기울이는 법이나 정보처리 방법에 사이코패스 특유의 결여가 있다는 주장이 '주의 결여 가설', 즉 반응 조정(response modulation) 가설이다.

이것은 위스콘신 대학교의 심리학교수 조셉 뉴먼이 제창한 이론으로, 사이코패스는 불안을 느끼지 못한다기보다 눈앞의 일에만 집중하기 때문에, 관계없는 일은 보이지 않게 된다는 주장이다.

사이코패스의 집중력은 어떤 의미로는 '너무' 높다. 그래서 자신이 관심 있는 일이나 눈앞의 이익 외에는 생각하지 못한다. 즉 타인의 마음의 움직임까지 계산할 여유가 없기 때문에 반사회적 행동을 취하기 쉽다는 것이다. 바꾸어 말하면, 사이코패스를 일종의 학습장애 또는 정보처리능력 장애라고 본다. 벌이나 손실을 예측하는 능력에 장애가 있는 까닭에 특이한 행동을 한다는 것이다.

뉴먼은 사이코패스가 손실이나 벌을 피할 가능성에는 눈길도 주지 않고 보수에만 강한 집착을 보이는 것을 그 유력한 근거로 삼고 있다.

자기관리, 자기평가, 자기통제 같은 자신을 컨트롤하는 능력에 혼란을 보이는(일반인이라면 모두 가능한데 사이코패스는 가능한 부분과 불가능한 부분의 차이가 크다) 점도 뉴먼은 이 가설로 설명할 수 있다고 주장한다.

③ 성급(性急)한 생활사(生活史) 전략 가설

'성급한 생활사'란 말은 일반적으로는 거의 사용하지 않는 용어라서 이해하기 어려울 수 있다. 이는 진화심리학적 용어로, 진화심리학이란 '인간이 가진 심리 메커니즘의 대부분은 생물학적인 환경에 적응한 결과'라는 가정에서 접근하는 학문이다.

따라서 여기서 말하는(이 책에서 말하는) '진화'란, 세상에서 일반적으로 생각하는 '성장'이라든가 '우월한 상태가 된다'는 의미와는 다르다. '어떤 형질을 가진 개체가 어떤 환경에 (어쩌다가) 적응한 결과, 집단 내에 그 형질이 퍼져 나가 보편적으로 갖추어진 상태가 된 것'을 가리킨다.

예를 들어 아주 오랜 옛날, 인류의 선조에게 '두려움'이라는 감정을 가진 개체와 없는 개체가 있었다고 하자.

미지의 위험과 조우했을 때 '두려움'이라는 감정을 가진 개체 쪽이 그 감정이 없는 개체보다 살아남을 가능성이 높았을 것이다.

결국 공포를 느끼는 개체 쪽이 공포를 느끼지 못하는 개체보다 더 많이 살아남아서 수를 늘릴 수 있다. 두려움을 느끼지 않는 개체는 부주의한 사고로 죽거나 부상하여 교미할 수 없게 되는 등 상대적으로 줄어들게 된다.

이것이 반복되면 어떻게 될까?

장기적으로는 공포의 감정을 가진 개체가 늘어가고 그 성질이 인류라는 종 전체에 퍼져 나갈 것임을 알 수 있다.

반대로 말하자면 지금 인류의 대부분에게 보편적으로 보이는 심리 메커니즘(예를 들면 누군가가 일방적으로 폭력을 휘두르고 있다면 '너무해', '아프겠다'라고 느끼는 감정)은 인류 진화의 역사상 생존과 번식 성공에 도움이 되는 '어떤' 기능을 해왔다고 할 수 있다.

그렇다면 사이코패스가 지금까지 살아남은 것도 그들이 가진 특징이 생존과 자손을 늘리는 데 유용했기 때문은 아닐까?

이것이 바로 진화심리학적인 생각이다. 그것이 비록 '태연하게 거짓말을 한다', '타인의 아픔을 모른다'처럼 일반적으로는 바람직하지 않은 특징이라고 해도 말이다.

도덕적으로는 받아들이기 어려울 수 있지만, 이러한 이견도 무시할 수만은 없다.

그렇다면 어떤 환경에서 사이코패스가 일반인보다도 생존·생식에 유리해질까?

예를 들면, 식량을 비롯하여 살아가는 데 필요한 자원이 풍부한 환경에서는 장기적인 보살핌 등 아이에게 높은 교육 코스트를 할애하지 않아도 빠른 자립을 기대할 수 있다. 적당히 방임해도 아이에게 알아서 먹을거리가 생기는 상황이라면, 부모나 주변의 어른들이 크게 신경 쓰지 않아도 쑥쑥 커 나갈 수 있다.

그러한 환경에서는 장기간 일정의 이성과 함께하면서 아이를 양육하는(일부일처제) 것보다 단기간에 많은 이성과 접촉하여 상대를 속여서라도 매료시켜 성교까지 밀어붙이는 쪽이 많은 아이를 낳을 수 있게 된다.

좀 더 극단적으로 이야기하자면, 바람기 있는 남자에게 버려진 처자식, 혹은 거짓말쟁이 여자에게 버려진 남성이라도 충분히 먹고 살 수 있고 다른 파트너를 만나서 살아갈 수 있다면, 거짓말쟁이나 바람둥이를 처벌하고 배제하는 데 코스트를 지불하기보다 다른 파트너를 찾는 편이 합리적일 것이다.

이처럼 단기적으로 여러 이성과 만나는 전략을 세우는 라이프스타일을 '성급한 생활사'라고 부른다. 그리고 사이코패스가 가진 형질이 바로 이러한 행동 전략을 취하기에 적합하다는 가설이다.

SF 같은 이야기라고 생각할지도 모르지만, 이러한 사회도 실제로 존재한다. 그에 대해서는 4장에서 상세하게 소개하겠다.

물론 당연하게도, 속여서라도 이성을 매료시키고자 하는 인간이나 반려를 배신하더라도 복수의 이성과 관계를 맺고자 하는 인간은 근대사회에서는 어울리지 못한다. 따라서 오늘날 그들의 행동을 '반사회적'이라고 일컫는 것이다.

④ 공감성의 결여 가설

미국 국립정신위생연구소(NIMH)의 제임스 블레어가 제창한 가설이다.

뇌 연구가 발달한 후에 나온 비교적 새로운 가설로, 사이코패스는 뇌 속의 편도체라는 영역이 제 기능을 다하지 못하여 생기는 것이라고 주장한다. 혹은 편도체와 안와전두피질이라는 부분의 결합이 약하기 때문에 반사회적인 행동을 한다는 것이다.

이 가설에 대해서는 2장에서 자세히 살펴보기로 하자.

2장에서는 이들 4가지 가설을 베이스로 뇌과학의 관점에서 사이코패스를 탐구해 보고자 한다.

조현병 (調絃病, Schizophrenia)
비정상적인 사고와 현실에 대한 인지 이상을 특징으로 하는 정신질환의 일종.
망상, 환각, 와해된 언어, 사고장애의 증상이 나타나며, 흔히 사회적 능력과
감정 반응의 저하 등이 동반된다. 원래는 정신분열증으로 불렸으나 사회적
이질감과 편견을 없애기 위하여 2011년 조현병으로 명칭이 변경되었다. 전
세계 인구 중 0.3~0.7% 정도인 것으로 알려져 있다.

양극성장애 (兩極性障碍, Bipolar Disorders)
비정상적 흥분상태인 조증 삽화와 비정상적 우울 상태인 우울증 삽화가 주기
적으로 번갈아가며 나타나는 질병으로, 감정의 장애를 주요 증상으로 하는
내인성(內因性) 정신병이다. 조울병(躁鬱病), 조울증(躁鬱症, manic depression)
으로도 불린다. 문화어로는 '기쁨슬픔병'이라고도 한다.

인격장애 (人格障碍, Personality Disorders)
습관, 성격, 사고방식 등이 사회적 기준에서 극단적으로 벗어나 사회생활에
문제를 일으키는 장애를 말한다. 성격장애라고 부르기도 한다. DSM4에서 3개
의 부류로 나뉘는 10가지 인격장애를 제시하였다.

- **A군(기이형)**
  편집성 인격장애 : 과도한 불안과 부당한 의심
  조현형 인격장애 : 사회적 고립, 마술적 사고, 피해 의식, 관계 망상, 착각
  조현성 인격장애 : 감정 표현의 부재, 사회적 고립, 비정상적인 외톨이

- **B군(극장형)**
  반사회성 인격장애 : 타인의 권리를 무시하거나 침해하는 지속적인 행동
  　　　　　　　　　　　(=사이코패스/소시오패스)
  경계성 인격장애 : 감정기복이 심하고 권태와 공허감을 느낌, 주체성의 혼란,
  　　　　　　　　　　자제력 상실, 돌발적 행동
  자기애성 인격장애 : 자신의 재능·능력을 과대평가, 타인의 평가에 집착(=나르시시스트)
  연극성 인격장애 : 정체성의 혼란, 매우 극적이며 주의를 끄는 행동,
  　　　　　　　　　　피상적인 묘사나 부사를 남발하는 언어 사용

- **C군(불안형)**
  회피성 인격장애 : 부정적 평가에 예민함, 내향적이고 불안한 증세, 은둔형 외톨이
  의존성 인격장애 : 내향적이고 불안한 증세, 자신의 행동 결정을 타인에게 맡김,
  　　　　　　　　　　타인의 보살핌을 받고자 하는 지나친 욕구, 이별 공포
  강박성 인격장애 : 세부사항에 대한 지나친 집착, 타인에 대한 지나친 불신

2장

사이코패스의 뇌

1장에서는 사이코패스의 행동 양식과 내면의 특징을 소개하였다.

하지만 어찌하여 사이코패스가 그런 행동을 취하는지, 어떤 메커니즘으로 뇌가 움직이는지에 대해서는 오랜 시간 동안 커다란 의문이었다.

본 장에서는 요즘 급속하게 발전하고 있는 뇌과학의 관점에서 사이코패스의 뇌의 움직임을 살펴보자. 사이코패스의 뇌의 특질은, 뇌영상 진단의 발달로 꽤 많은 부분이 밝혀지고 있다.

뇌의 설명을 위해서는 아무래도 전문용어가 많이 나올 수밖에 없는데, 본서에서는 가능한 일반적인 단어로 바꾸고 그림 설명을 곁들여 이해하기 쉽도록 하였다.

먼저 지각능력[6]과 학습능력에 관한 사이코패스의 뇌의 특징을 살펴보자.

그런 다음 1장에서 소개한 〈검거하기 쉬운 사이코패스〉와 〈검거하기 어려운 사이코패스〉의 뇌의 차이도 검토하고자 한다.

---

6) 지각능력 : 외부로부터의 자극을 느끼고 의미를 결정하는 능력.

1. 사이코패스의 뇌의 지각능력&학습능력

'뜨거운 공감'을 못하는 뇌

사이코패스를 가리기 위한 실험 중 〈도덕 딜레마〉라는 것이 있다.

예를 들면, 마을에 살인귀가 나타나 모두 함께 숨어 있다고 하자. 숨을 죽이고 소리를 내지 않도록 조심하고 있는 상황에서 한 갓난아기가 울음을 터뜨리고 말았다. 살인귀에게 발견되면 당신을 포함한 마을사람 전원이 죽임을 당할지도 모른다. 자, 당신은 그 갓난아기를 어떻게 할 것인가?

이러한 도덕 딜레마가 주어지면, 대부분의 사람은 "어떻게든 소리가 새어나가지 않도록 한다."고 대답한다. 그러나 사이코패스는 망설임 없이 "목 졸라 죽인다."고 답한다.

자, 이번엔 당신이 외과의사라고 치자.

눈앞에 심장, 신장, 간 등 각각 다른 곳의 장기 이식을 필요로 하는 환자가 다섯 명이 있다. 그곳에 신원불명의 젊고 건강한 무연고 청년이 한 명 들어왔다. 만약 그 청년의 장기를 다섯 명에게 나누어 줄 수 있다면 다섯 명이 살 수 있다. 한 명을 죽여서 다섯 명을 살릴 것인가, 한 명을 구하고 다섯 명을 죽도록 내버려둘 것인가? 당신이라면 어느 쪽을 택하겠는가?

일반인이라면 "아무리 그래도 사람을 죽일 수는 없어!"라며 고개를 저을 것이다. 그러나 사이코패스는 망설임 없이 한 명을 죽이는 쪽을 택한다. 그 편이 합리적이라고 판단하기 때문이다.

이 정도까지 극단적인 예는 아니더라도, 비슷한 케이스는 우리들 주위에 얼마든지 있다. 예를 들어, 큰 희생을 동반하는 개혁이라든가 결과적으로는 약자를 도려내는 정책을 '합리적'이라는 이유로 망설임 없이 추진하고, 인신공격이라는 수단을 써서라도 반대파를 철저하게 비난하는 사람들을 여러분도 알고 있을 것이다. 그들이 바로 사이코패스이다.

사이코패스는 도덕에 의해 판단하지 않는다. 그는 '합리적인 것이 옳다'는 생각으로 답을 내지만, 그 답으로 주변인들에게 어떤 비난을 받을지 예측하지는 못한다. 혹은 예측할 수 있다고 해도 실제로는 '모두들 왜 그 정도 일로 이러쿵저러쿵 말이 많은 건지'를 알지 못한다. 바꿔 말하면, 비난을 받아도 심리적인 데미지를 받지 않는다. 이것도 사이코패스의 특징이다.

영국 옥스퍼드 대학교 실험심리학부 교수 케빈 더튼은, 공감에는 감정을 동반하는 '뜨거운 공감'과 계산적인 '차가운 공감'이 있다고 말한다. 사이코패스에게는 차가운 계산은 있어도 뜨거운 공감은 없다. 도덕성에는 '뜨거운 공감'이 필요하기 때문에 〈도덕 딜레마〉 실험을 통해 사이코패스를 가려낼 수 있는 것이다.

공포에 둔감한 뇌 - 편도체의 활동성이 문제

어찌하여 사이코패스는 '뜨거운 공감'을 하지 못하는 것일까?

요즘은 뇌의 움직임을 연구하기 위해 'fMRI(핵자기공명기능화상법)'라고 불리는 장치를 이용한다. fMRI는 혈류의 동태를 측정함으로써 뇌의 어떤 부분이 활성화되는지 살펴볼 수 있는 장치이다.

이 장치를 이용하여 측정한 결과, 일반인과 비교하여 사이코패스는 뇌의 '편도체'라고 불리는 부분의 활동이 낮다는 것이 밝혀졌다.

편도체란 어떤 일을 하는 장소일까?

편도체는 대뇌변연계의 일부로, 귀 윗부분의 안쪽, 해마의 앞쪽 부근에 위치하며 좌우 양측에 하나씩 있다. 대뇌변연계는 쾌감·기쁨·불안·공포 등 감정을 지배하는 영역으로, '감정뇌' 혹은 '포유류의 뇌'로 불린다.

이 부분은 부수계의 일부로, 부수계란 무언가 욕구가 만족되었을 때(혹은 만족시킬 수 있음을 알았을 때) 활성화하여 쾌감을 주는 신경

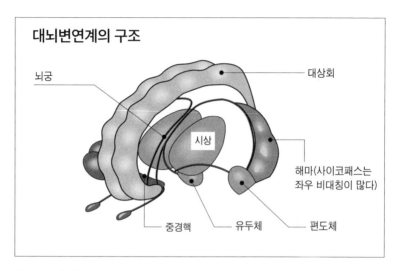

대뇌변연계의 구조

뇌궁

대상회

시상

해마(사이코패스는
좌우 비대칭이 많다)

중경핵   유두체   편도체

계를 말한다.

　보통 다른 동물은 음식물을 섭취하거나 성행위를 하면 보수계가 활성화되는 것으로 알려져 있는데, 인간은 '아름다움을 느끼는 것', '호기심을 만족시키는 것', '타인에게 필요한 인간이 되는 것, 사랑받는 것', '차세대를 키우는 것' 등 보다 고차원적이고 사회적·장기적인 행동으로도 부수계가 활성화한다.

　그 가운데서도 편도체는 쾌감과 공포 같은 인간의 기본적인 감정을 관장하는 장소이다. 맛있는 음식을 먹거나 맘에 둔 이성이 다가오면 '쾌감'을 느끼는데, 이러한 감정을 지배하는 것이 바로 편도체이다. 참고로 코카인 같은 약물은 편도체를 비롯하여 대뇌변록계에 직접 작용한다.

예를 들어, 태어나서 한 번도 뱀을 본 적 없는 원숭이나 신생아라도 뱀 또는 가늘고 길면서 스멀스멀 움직이는 물체를 보면 두려워한다는 연구 발표가 있는데, 이렇게 타고나는 공포의 감각도 편도체의 주관에 의한 것이다.

또한 외부의 감각정보(자극)가 제일 먼저 전해지는 곳도 편도체이다. 사회성이나 이성을 관장하는 전두엽에 비하여 2배나 빨리 도달한다. 생각하는 것보다 먼저, 말하자면 본능적으로 반응하는 부분이라고 생각해도 좋을 것이다.

편도체를 수술로 도려내면 신음이나 비명, 화를 내는 목소리 같은 부정적인 소리를 이해할 수 없게 된다고 한다. 못 먹는 거라도 잡히는 대로 입에 가져가고, 아무 때고 발정하여 종과 상관없이 교미하려 들고, 이전에는 무서워했던 것들을 더 이상 무서워하지 않게 된다.[7]

'사이코패스는 편도체의 활동성이 낮다'란 말은 공포나 불안 등 동물이 본래 가지고 있는 기본적인 감정의 움직임이 약하다는 뜻이다.

공포에 대한 사이코패스의 반응을 알려주는 이런 실험도 있다.

피험자의 몸에 전극을 붙인 다음, 전광판에 보이는 문자가 초록

---

7) 클루버 부시 신드롬(Kluver-Bucy Syndrome)은 좌뇌와 우뇌의 측두엽에 이상이 생겨 일어나는 행동 장애로, 성욕과 식욕이 강해지고 주변에 무관심해진다. 하인리버 클루버와 폴 부시에 의해서 처음 발견되어 그들의 이름을 따서 명명되었다.

색이면 가만 놔두고, 빨간색이면 몸에 전류를 흘려보내 찌릿찌릿한 통증을 유발시킨다.

초록 → 빨강 → 초록 → 빨강… 식으로 반복하는 동안 보통의 피험자는 실제 전류가 몸에 흐르지 않아도 문자가 빨간색으로 바뀌는 것만으로 공포를 느끼게 된다.

〈빨간색 문자 = 통증〉으로 뇌가 학습하기 때문이다. 이것을 '조건 있는 공포(조건 있는 혐오)'라고 한다.

그러나 사이코패스는 문자가 빨간색으로 바뀌어도 아무런 변화를 일으키지 않는다. 뇌가 공포를 학습하지 않기 때문이다.

앞서 소개한 케빈 더튼은 이런 색다른 실험도 하였다.

갬블의 시뮬레이션 게임을 하고 있는 피험자에게 공포를 느끼는 사람의 땀 냄새를 맡게 했다. 그러자 일반인은 배팅에 신중해졌지만, 사이코패스는 딱히 변화가 없었다.

간혹 군집에게 공포가 전염되어 패닉 상태가 되고, 그것이 원인이 되어 큰 사건으로 이어지는 경우가 있다. 공포를 느끼는 사람이 흘리는 땀 성분에 타인에게 공포를 '전염'시키는 성분이 들어 있는지 모른다. 그러나 사이코패스는 공포를 느끼는 사람의 땀 냄새를 맡아도 아무런 변화가 없으므로, 그들에게는 공포가 전염되지 않는다.

분노나 슬픔 등 여러 감정이 실린 얼굴 사진을 피험자에게 보여주는 실험에서도 역시 일반인과 사이코패스는 분명한 차이를 보였다.

정보나 행동이 불안정한 〈경계성 인격장애〉 환자와 사이코패스를 헷갈려하는 경우가 많은데, 경계성 인격장애 환자에게 이 '얼굴 사진'을 보여주자 오히려 편도체가 과잉으로 활성화되었다. 이 실험을 통해 경계성 인격장애는 사이코패스와는 크게 다른 인격 장애임이 밝혀졌다.

이처럼 사이코패스의 뇌가 감정보다 이성·지성을 우선한다면, 일반인이 이상하다고 느낄 만큼 합리적인 결론을 선택하는 이유도 납득이 된다.

편도체와 전두전피질의 연결성

원래 편도체의 활동은 천성적인 반응에 머물지 않는다. 게다가 편도체는 단독으로 활동하는 것이 아니라, 뇌 안의 다른 부분과 연대하여 활동한다.

사물을 장기적인 시야로 계산하거나 여러 가지 충동에 브레이크를 거는 것이 '전두전피질'이라고 불리는 부분이다. 전두전피질 가운데 '안와전두피질'이나 '내측전두전피질'이 편도체와 결합하면, 인간은 자신이 놓여 있는 사회적 상황과 '유쾌·불쾌'를 조합하여 밸런스를 잡으면서 판단할 수 있게 된다.

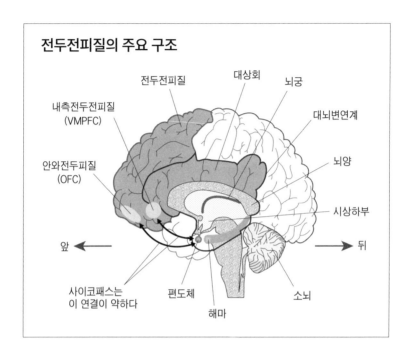

전두전피질의 주요 구조

내측전두전피질
(VMPFC)

전두전피질

대상회

뇌궁

대뇌변연계

안와전두피질
(OFC)

뇌양

앞 ←

시상하부

뒤 →

사이코패스는
이 연결이 약하다

편도체

해마

소뇌

인간의 뇌에서 인지능력을 관장하는 부분은 크게 두 가지로 나뉜다. 〈대뇌변연계를 중심으로 감정을 관장하는 부위〉와 〈전두전피질을 중심으로 사고를 관장하는 부위〉이다.

어린 아이와 같이 예민하게, 때로는 일탈의 기분에 반응하는 제멋대로인 감정을 어른이(전두전피질은 20대 후반에 겨우 성숙한다) 훌륭히 컨트롤하는 것이라고 생각하면 된다.

보통은 "정말 잘했어, 훌륭한데!"라고 부모에게 칭찬받은 아이가

'노력은 좋은 것'이라고 인지하게 되어, 노력 자체에 의미를 두는(쾌감을 느낌) 구조가 뇌에 형성됨으로써 사람은 선악과 정의의 기준, 규범을 배워 나간다.

그중에서도 안와전두피질과 내측전두전피질의 기능은 '억울하다', '열 받는다', '즐겁다'와 같은 감정을 불러일으키는 기억(감정기억)을 억제하고 있다. 이 부분의 기능이 원활한 사람은 충동적인 행동이 억제되어, 대인관계에서 적절한 행동을 취할 수 있다. 반대로 이 부분의 기능이 저하되면 타인에게 '해도 좋은 일'과 '해서는 안 되는 일'의 구별이 모호해진다.

안와전두피질은 상대에게 '공감'하는 것으로 충동적인 행동에 브레이크를 건다.

예를 들면, 어떤 사람에게 심한 대우를 받아 '죽이고 싶다'는 충동을 느꼈다고 하자. 그럴 때 '하지만 칼로 찌르면 아프겠지', '피를 많이 흘리겠지', '죽이면 후회할 거야'와 같은 감정이 안와전두피질에서 발생하여 돌발적인 행동에 브레이크를 걸어준다. 공감하는 능력이 높을수록 찔렀을 때의 아픔을 스스로 느끼게 되어 아무리 미워도 상대를 찌를 수 '없는' 상황이 되는 것이다.

한편 내측전두전피질은 '양심'으로 브레이크를 건다. '진짜 죽여버리겠어'라는 감정이 끓어올라도 '그런 짓은 하면 안 돼!'라고 억누르는 장소이다.

거듭 말하지만, 인간은 성장과 함께 사회성을 관장하는 전두전피질과 공포나 벌을 아픔으로 받아들이는 편도체의 커넥션(결합)이 형성되는 것이다. 예를 하나 더 들어보자.

어린 시절, 이런 경험은 없었는가?

혼자 울고 있을 때 주위의 어른에게 "가엾어라"라는 소리를 들으며 '아아, 나는 불쌍하구나'라고 자각하여 더욱 눈물이 났던 경험 말이다. 이렇게 '이러한 상황은 불쌍한 거구나, 불쾌하다'고 학습했기 때문에, 이후에 비슷한 상황을 만나면 바로 불쾌감을 느끼게 된다.

인간은 이런 식으로 부끄러움이나 죄의식이 강해지고, 질투의 감정 등도 강화된다.

누군가에게 "○○가 더 많이 받았는데, 그래도 괜찮아?" 같은 말을 들으면 '이건 내가 손해를 보는 상태'임을 후천적으로 학습하고, 그 기분 나쁜 감정, 시기하는 감정을 일으키는 대상(나보다 이익을 얻는 사람)에게 네거티브한 방향으로 행동이 강화된다.

편도체 그 자체의 행동은 타고난 것이지만, 전두전피질의 활동이 플러스되어 사회적 문맥을 학습하는 것이다.

그러나 사이코패스의 경우는 다르다.

① 편도체의 활동이 낮다.
② 안와전두피질 혹은 내측전두전피질의 활동이 낮다.

③ 편도체와 안와전두피질 혹은 내측전두전피질의 결합력이 약하다.

이중 어떤 이유든, 아니면 세 가지 이유가 복합적으로 작용하여, 공포나 벌로 사회적인 문맥을 학습하고 아픔이나 부끄러움을 배울 수 없다.

한편 사이코패스와 반대로 전두전피질과 편도체의 결합이 너무 강한 사람도 있다. 이런 사람은 사회불안장애(대인공포 등)나 패닉 장애, 울병 등에 걸리기 쉽다고 알려져 있다.

'양심'이라는 브레이크가 없는 뇌

통상적으로 인간은 유소년기부터 타인의 물건을 훔치거나 거짓말을 하고, 남에게 책임을 전가하거나 누군가를 상처 입히면 벌을 받는다는 것을 학습하고 벌을 피하고자 한다. '해서는 안 될 일'을 배우고, 어른이 되면 벌 받을 만한 짓은 하지 않게 된다. 최소한의 사회적 행동이 학습되지 않으면 집단에서 배제되기 때문이다.

그러나 학습하지 않는다기보다 앞서 말한 세 가지 이유로(그중 어떤 이유든) 벌을 벌이라고 생각하지 않는 사람이 있다. 그것이 사이코패스이다.

그들은 벌을 두려워하지 않는다. 그들은 '승리 패턴'이라는 룰은 학습할 수 있어도 '윤리·도덕'이라는 룰은 학습되지 않는다.

정상적인 사람들은 '좀 더 합리적인 방법'이라는 선택지가 있어도 '인간으로서 해서는 안 될 일' 혹은 '언젠가는 벌을 받을 것'이라고 느끼는 한 '합리적'인 선택을 하지 않는다. 양심이 브레이크로써 작용하기 때문이다.

사이코패스에게는 그 '양심'이 없기 때문에 냉철하게 합리적인 방법을 취한다. 그것이 〈룰 해크〉로 보이는 것이다.

흥미로운 것은, 그들은 어느 시점에서 자신의 특징을 눈치 챈다고 한다. '아무리 애써봐야 나는 보통 사람과 다르다'는 것을 아는 사이코패스는, 일반인의 감정을 아는 척하기 위해 오히려 거짓말에 더 능숙해진다는 것이다.

로버트 헤어는 "사이코패스도 양심의 가책이나 죄악감을 입에 올리는 경우가 있다."고 말한다. 그러나 그것은 실제로 마음이 아프기 때문이 아니라, 타인에게 비판받았을 때 '내가 잘못했다고 반성하는 것처럼 보이는' 것이 유리한 처세술임을 알고 있기 때문이다.

하이리스크·하이리턴을 선호

안와전두피질의 기능 장애에 대한 흥미로운 사례가 있다.

〈아이오와 갬블링 과제〉라는 유명한 실험으로, 심리학 실험에서 자주 이용된다.

참가자 앞에는 컴퓨터 화면이 놓이고, 화면에는 네 개의 가상의 카드덱(card deck)이 보인다.

카드에는 숫자가 쓰여 있고, 참가자는 먼저 원하는 덱을 선택한다. 선택한 덱 안에서 매회 한 장의 카드를 뒤집어 그 안쪽에 적힌 숫자만큼의 게임머니를 얻든지 잃게 된다. 최종 목적은 카드를 반복해서 빼면서 가능한 많은 돈을 얻는 것이다.

사실 덱 가운데 두 개는 1회에 얻을 수 있는 금액은 많지만 그것보다 큰 금액을 잃을 수 있다. 계속 빼다 보면 결과적으로는 수지가 마이너스가 되는(손해를 본다) '나쁜' 덱이다.

남은 두 개는 '좋은' 덱으로, 1회에 얻을 수 있는 금액은 적지만 손실의 확률 또한 낮다. 이쪽을 계속 선택하면 결과적으로는 수지가 플러스가 된다(이득을 본다).

물론 참가자에게 덱에 관한 정보는 일체 알려주지 않는다.

실험 결과, 일반인은 큰 손실을 경험하면 네거티브한 감정이 생겨서 이후 '나쁜' 덱(큰 손실이 포함되어 있는 덱)을 선택하면 스트레스를 받기 시작한다. 그리하여 대부분의 일반인은 약 40~50회 정도 반복한 다음에는 계속 '좋은' 덱을 선택한다.

그러나 안와전두피질의 기능 장애를 가진 피험자는 계속 '나쁜' 덱을 선택한다. 큰 손실에 대한 스트레스가 발생하지 않기 때문이다. '하이리턴'만 눈에 들어오고 '하이리스크'는 눈에 들어오지 않는 것이다.

장기적으로 보면 착실하게 플러스가 되는 '좋은' 덱을 택하지 않고, 하이리스크 · 하이리턴의 '나쁜' 덱을 선택하여 결과적으로는 큰 손실을 부르는 것이다.

이와 함께 〈사이코패스는 주의력이 결여되어 학습 장애, 정보처리 장애가 있다〉는 가설을 주장하고 있는 위스콘신 대학교의 심리학교수 조셉 뉴먼이 실시한 실험을 보면, 사이코패스의 '보수와 벌'에 대한 감각을 잘 알 수 있다.

이들은 사이코패스를 대상으로 〈옳은 방법에 반응하면 금전적인 보수를 얻을 수 있고, 잘못된 방법에 반응을 억제하지 못하면 벌(금전적 손실)로 이어진다〉는 실험을 실시했다.

뉴먼은 이 실험을 통해 "사이코패스는 보수를 받을 가능성을 강하게 의식하면 벌로 이어지는 반응을 억제할 수 없다(학습되지 않는다)."는 것을 입증하였다. 보수에 대한 의식을 최소로 수정한 다음 같은 실험을 실시했더니 '학습되지 않는' 장애는 보이지 않았다고 한다.

1장의 앞부분에서 소개한 연속살인범 랜디를 떠올려보자. 랜디는 맨 처음 위장수사를 하던 경찰에게 잡혔을 때 '이제 그만두자'가 아니라 '잡히지 않는 방법'을 선택했다. 이는 그의 뇌가 얻을 수 있는 쾌락 쪽으로만 주의가 치우쳐 있어서 '잡히면 벌을 받는다'는 공포를 제대로 인식하지 못했기 때문이다.

VMPFC의 이상 - 처참한 영상을 보아도 무반응

일반인과 사이코패스는 전두전피질의 VMPFC 혹은 VPFC라고 불리는 부분(ventromedial prefrontal cortex 전두전피질복내측부)이 크게 다르다고 알려져 있다. 또한 이 부분에 손상을 입으면 어떤 이상 증상을 보이는지에 대해서도 상세한 연구가 행해졌다.

예를 들어, 피험자들에게 사고 장면이나 사지절단 같은 처참하고 쇼킹한 영상을 보여주면, 일반인은 공포를 느끼고 땀을 흘리는 등 육체적인 변화(이 경우는 주로 피부 전도율의 변화)가 일어난다. 그러나 VMPFC가 정상으로 기능하지 않는 사람은 육체적인 변화가 없었다. 뇌의 반응이 없기 때문에 땀도 흘리지 않고 피부 전도율의 변화도 일어나지 않는 것이다.

이런 연구를 통해 VMPFC가 감정 반응에 관여하고 있음을 알 수 있다.

일부 사이코패스도 VMPFC의 활동이 미비하여, 도덕적인 문맥으로 아무리 '해서는 안 되는' 일에 대해 말해도 마음에 와 닿지 않는다. 사고로 사지를 전단당한 사람을 보고도 아무런 반응을 하지 않는 것처럼, 현재의 쾌락이 장래에 벌로 이어진다는 사실을 아픔으로 상상하지 못하기 때문에 '아픔을 회피'하는 학습 양식을 취할 수 없는 것이다.

해마와 후대상회의 기능 장애 - 감정기억의 결여

편도체나 전두전피질 외에도 다수의 연구에서 '해마'의 기능 저하와 사이코패시 성향이 관련되어 있음을 지적하고 있다.

해마란 감정을 관장하는 대뇌변연계의 일부로, 편도체와 가까운 곳에 위치한다. 해마는 학습이나 기억, 공간의 파악에 중요한 역할을 하며 '조건 있는 공포'에도 관여한다. 해야 할 일과 하면 안 되는 일을 배우는 데 중요한 장소가 바로 '해마'이다.

지금까지 사이코패스는 감정 장애를 가진, '두려움을 느끼지 못하는 존재'라는 것을 거듭 강조해 왔으니 〈사이코패스에게 해마의 기능 저하가 예상된다〉는 점에 위화감은 없을 것이다.

해마의 기능이 저하되면 상황 판단을 오인하여 공격적인 행동을 컨트롤하지 못하게 된다.

범죄학자이자 신경과학자인 에이드리언 레인(펜실베이니아 대학교 교수)은, 로스앤젤레스의 임시 고용노동자 집단에서 반사회적 성향을 보이는 91명을 골라 면접을 보고, 반사회적인 인물을 A(범죄에 관련된 적은 있지만 체포 경력은 없는)와 B(체포 경력이 있는) 그룹으로 나눈 다음 fMRI를 찍어 비교하였다.

그러자 B그룹 피험자들의 해마에 이상이 발견되었다. 해마가 좌우 비대칭인 사람(왼쪽보다 오른쪽이 큰 사람)이 많았던 것이다. 해마나 전두전야(前頭前野)에 이상이 있으면 감정을 컨트롤할 수 없게 되고,

'조건 있는 공포'에 대한 반응이 둔감해진다고 알려져 있다. 이 좌우 비대칭이 어떤 식으로든 영향을 미쳐 그들은 자신이 체포될 것임을 예측하지 못했던 것이다.

이런 해마의 구조적인 비대칭성은 환경에 의한 영향으로 설명할 수는 없다. 즉 유전의 가능성과 모친의 태내에 있을 때 받은 영향으로 보인다.

또한 성인 사이코패스에게는 후대상회(後帶狀回)의 기능부전도 보인다. 후대상회는 '슬펐다', '기뻤다' 같은 감정적 경험을 축적하는 장소로, 그런 감정 기억을 추억하는 역할 혹은 일어난 일을 돌아보며 반성하는 자성 능력에 관여하고 있다. 이곳이 제 역할을 하지 못하면 사이코패스 특유의 배려 없고 책임감 없는 행동으로 나타난다고 설명할 수 있다.

앨라배마 대학교의 심리학자 안드레아 그렌은, 사이코패스가 도덕적인 의사결정을 할 때 후대상회, 내측전두전피질, 각회[8]가 정상적으로 기능하지 않음을 지적하고 있다.

---

8) 각회(角回) : 언어나 인지 처리에 관여하는 부분.

일반인과 다른 뇌양의 형태

좌우의 대뇌를 연결하고 정보를 왕래시키는 장소인 뇌양(腦梁) 또한 사이코패스와 일반인은 차이를 보였다. 에이드리언 레인은, 사이코패스이면서 반사회성 인격장애를 가진 남성 15명과 지역지원자로 구성된(사이코패스가 아닌) 대조군 25명을 대상으로 조사를 실시했다.

그 결과, 대조군인 일반인과 비교하여 반사회적인 사이코패스는 뇌양백질[9]의 추정용적이 22.6% 증가, 뇌양의 길이가 6.9% 증가, 뇌양의 두께가 15.3% 감소되어 있음을 알게 되었다. 즉 뇌양의 형상에 커다란 차이를 보였다는 말이다.

이 실험으로 사이코패스에게 보이는 감정의 장애(공포나 불안의 결여), 인간관계에서의 문제행동, 스트레스에 대한 자율신경 반응의 저하, 공간인식 능력의 저하와 뇌양 용적의 관련성이 밝혀졌다.

---

9) 백질은 뉴런에서 뉴런으로 정보를 전달하는 축색이 모인 부분을 말한다.

2. 〈승리그룹 사이코패스〉& 〈패배그룹 사이코패스〉

지금까지 살펴본 것처럼 사이코패스의 뇌는 전반적으로 일반인과는 커다란 차이가 있다. 하지만 이때 간과해서 안 될 것은, 사이코패스에게도 '종류'가 있다는 점이다.

지금부터 소개하고자 하는 것은, 〈검거하기 어려운 사이코패스(성공한 사이코패스, 승리그룹 사이코패스)〉와 〈검거하기 쉬운 사이코패스(실패한 사이코패스, 패배그룹 사이코패스)〉의 차이이다.

1장에서 소개했던 제인처럼 〈검거하기 쉬운 사이코패스〉는 위협적인 존재는 아니다. 그녀와 같은 타입은 앞뒤 없이 범죄를 저지르기 때문에 그만큼 발각되기도 쉽기 때문이다.

반면 〈검거하기 어려운 사이코패스〉는 감옥이 아니라 우리 가까이에 있다. 그들은 타인을 교묘하게 이용하여 살아남으며, 쉽게는 그 본성을 드러내지 않는다.

〈승리팀〉과 〈패배팀〉의 차이

과연 뇌과학적으로 승리그룹 사이코패스와 패배그룹 사이코패스는 어떤 차이가 있을까?

독일의 아헨 공과대학교의 웨버, 하벨, 아문트, 슈나이더의 네 명이 『Behavior Science & the Law』라는 학술지에 2008년에 발표한 논문 「Structural brain abnormalities in psychopaths-a review」에 의하면 "승리그룹 사이코패스와 패배그룹 사이코패스는 배외측전두전피질(DLPFC)의 두께가 다르다."고 한다.

DLPFC의 DL은 dorsolateral의 약자로, 이는 뇌에서의 위치를 표현하고 있다. dorso는 배중측(背中側), lateral은 '옆, 측면'이니까 dorsolateral로 '배외측'이라는 의미가 된다. PFC는 prefrontal cortex, 즉 전두전피질을 말한다.

DLPFC는 '조건 있는 공포', '행동의 억제', '도덕적인 판단', '중장기적인 보수의 선택', '아픔에 대한 공감', '자기반성' 등의 기능을 담당하는 부분이다. 계획성 · 합리성 · 논리성 등을 관장하는 영역이며, '지금 이 행동으로 저게 모래성이 될 수 있으니 그만두자'와 같은 판단을 한다.

냉정한 판단을 하거나 일반적인 숫자를 기억하는 실용적인 결단을 할 때에도 활발해지는 부분이라고 생각하면 좋을 것이다. 또한 〈자기 자신을 객관시하는 일=메타 인식〉도 담당하고 있다. DLPFC

의 발달 정도는 이른바 '지능'의 지표도 된다.

반사회적인 행동을 하는 사람들, 특히 패배그룹 사이코패스에게는 DLPFC와 관련된 수행기능장애[10]가 보인다.

참고로, 부주의하고 차분하지 못하며 충동성을 억제할 수 없는 특징을 가진 ADHD(주의 결핍·다동성장애)는 좌측의 DLPFC의 기능부전과 관련이 있다는 보고가 있다.

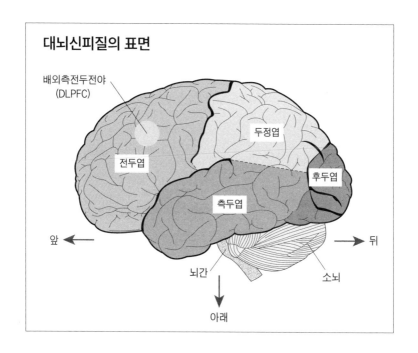

대뇌신피질의 표면

배외측전두전야
(DLPFC)

두정엽

전두엽

후두엽

측두엽

앞 ←

뒤 →

뇌간

소뇌

아래

---

10) 수행기능장애 : 무계획적이고 닥치는 대로 행동하며, 우선순위를 매기지 못하는 장애.

그와 대조적으로 승리그룹 사이코패스는, 전두전피질 특히 DLPFC가 발달해 있어서 단편적인 반사회행동으로 물의를 일으키지 않는다. '지금 이 사람을 죽이면 결국에는 내게 손해'임을 정확하게 이해하고, 냉철한 계산으로 살상이 아닌 '착취'라는 방법을 선택하는 것이다.

전두전피질을 파괴당한 남자 - 피네아스 게이지

승리그룹 사이코패스와 대조적인 것이 전두전피질이 기능하지 않았던 사람이다.

신경과학의 교과서에는 반드시 등장하는 미국의 철도기사 피네아스 게이지(1823~1860)의 예를 소개하고자 한다. 게이지는 근면하고 책임감이 강하며 모두에게 신뢰받는, 누구에게나 사랑받는 인물이었다.

어느 날, 그는 철봉이 눈으로 들어와 뇌에 꽂히는 사고를 당한다. 게이지는 왼쪽 눈을 실명한 채 기적적으로 살아남았지만, 사고 후 그의 인격은 완전히 달라진다.

제멋대로 행동하고, 욕을 내뱉으며 기뻐하고, 동료들을 존중하지 않았으며, 맘에 안 드는 말을 들으면 안절부절 못했다. 어떤 날은 세상에 없는 고집을 피우다가도 다음날에는 귀가 얇아져 우유부단해지고, 이것저것 계획을 세우고는 계속해서 펑크를 냈다. 사고를 당한 후 그는 충동적이고 무책임하며, 성적으로 문란한 주정뱅이가 되고 말았다.

직장에서 해고된 게이지는 몇몇 직업을 전전하다 결국 자신의 머리를 관통한 철봉을 가지고 각지를 돌아다녔다. 뉴욕시의 바넘 미국박물관에서 개최한 전시회에 모습을 드러내기도 했고, 서커스에서 구경거리가 되었던 시기도 있었다.

눈에 띄고 싶었던 것인지, 그 외에는 먹고살 길이 없어서 그랬는지 알 수 없지만, 아무튼 인격이 변한 게 그의 탓은 아니니 슬픈 에피소드가 아닐 수 없다. 그 후 게이지는 간질성 발작을 일으켜 36세의 젊은 나이로 사망했다.

그는 전두전피질의 기능을 잃어버림으로써 사회성을 잃고, 반사회적인 성격이 되고 말았던 것이다.

이와 대조적으로 1장에서 소개한 연속살인범 랜디 크래프트는 전두전피질의 기능 저하는 보이지 않았다고 한다.

치밀한 범행 계획을 세우고, 실패하거나 예상 밖의 사태에 대한 대책을 생각하고, 집중력을 유지하면서 계획을 실행하는… 이런 종류의 주도면밀한 범행은 전두전피질의 기능 없이는 불가능하다.

승리그룹 사이코패스는 충동적인 살인범이나 연속살인범인 사이코패스보다 전두전피질의 기능이 발달해 있거나 편도체와의 결합이 비교적 강할 것이다.

승리그룹 사이코패스를 찾아내는 법

1980년대 캐나다의 저명한 심리학자 로버트 헤어는, 사이코패스를 판단하기 위한 진단 기준 PCL(Psychopathy Checklist)을 발표한다. 이후 PCL의 개량판인 PCL-R이 보급되어, 현재는 여러 기관에서 PCL-R을 이용한 연구가 행해지고 있다.

그러나 범죄자가 아닌(성공한·승리그룹) 사이코패스의 연구는 오랫동안 여의치 않았다. 원래 사이코패스라는 개념 자체가 범죄행위를 이해 또는 설명하기 위하여 개발된 진단상의 개념이기 때문이다. 연구의 대부분이 형무소 또는 법의학적인 장소에서 실시되고 있고, 그러한 장소에 오는 사이코패스는 이미 범죄를 저지른 것이 노출된 〈패배그룹〉의 사이코패스라고 할 수 있다. 〈승리그룹〉의 사이코패스를 잡아서 실험할 방법이 없는 셈이다.

세상에 100명 중 한 명꼴로 사이코패스가 있다면, 무작위로 조사해도 되지 않겠냐고 생각할 수도 있다. 그렇다면 30명의 피험자를 확보하기 위해서는 3천 명과 면담을 해야만 하는데, 주어진 인원과 시간을 생각하면 현실적으로 무리가 있다. 또한 인원이 많아지면 면담의 기준도 사람에 따라 다르기 때문에 과학적인 연구로써의 신뢰성을 보증할 수 없다.

뉴욕 시립대학교 존제이 칼리지의 심리학자 캐시 위덤은 1974~1975년에 걸쳐 보스턴의 진보문화적인 신문에 〈모험심이 강하고, 태평하며(낙천적이며), 자극 넘치는 충동적인 생활을 해온 사람〉을 모집하는 광고를 내고, 형무소와 정신병원 밖에 있는 사이코패스를 모으려고 시도했다. 이에 73명의 응모가 있었고, 30명 전후의 피험자가 검사와 면접에 참가했다고 한다.

그녀에 의하면, "사이코패스라고 인정된 사람 중 74%는 체포된 이력이 있었고, 50%는 투옥된 적이 있었다."고 한다. 또한 61%가 입원, 통원·투약 같은 정신의료의 경험이 있고, 29%는 자살미수 경험이 있었다고 한다. 일부러 광고까지 내며 형무소와 병원 '밖'에 있는 사이코패스를 찾으려고 했지만, 결국 응모해 온 대다수가 '안에 들어간 적이 있는 사람', '안과 밖을 드나드는 사람', 즉 패배그룹 사이코패스였던 것이다.

물론 전혀 성과가 없었던 것은 아니다. 그녀는 시설에 수용된 적이 없는 사이코패스는 수용 경험이 있는 사이코패스에게 보이는 전두엽 기능의 저하가 보이지 않음을 알게 되었다. 이쯤부터 이미 승리그룹과 패배그룹의 차이가 보인다고 말할 수 있을 것이다.

한편 에이드리언 레인은, 임시직업소개소에 빈번하게 드나드는 사람에게 주목했다. 사이코패스는 자극을 원하고 조직 안에서 잘 융화하지 못하기 때문에 단기적인 일을 전전하리라는 추측 때문이었다.

레인에 의하면, 임시직업소개소에서 만난 피험자가 〈반사회성 인격장애)라고 진단받은 확률은 24.1%였다고 한다. 일반적으로 남성의 반사회성 인격은 인구의 약 3%로 알려져 있으니까, 8배 이상의 비율로 포함되어 있는 셈이다.

레인이 PCL-R을 이용하여 이들 실험자를 진단한 결과, 남성의 13.5%가 30점 이상의 점수(=사이코패시 성향이 높음)를 기록했으며, 30.3%가 25점 이상이었다. 즉 임시직업소개소에서 만난 반사회성 인격장애자 세 명 중 한 명은 사이코패시 성향이 높은 사람이었던 것이다.

그 후 재판기록을 조사하여 유죄판결을 받은 적이 있는 사이코패스 16명과 유죄판결을 받은 적이 없는 사이코패스 13명을 대조군으로 만들어 여러 가지 조사를 실시하는 것에 성공했다.

이 실험을 실시하면서 레인은 정보 보완에도 주의를 기울였다. 임시직업소개소에서 알게 된 피험자들에게 얻은 정보의 기밀유지 인증을 보건복지부장관에게 얻어내어, 그들이 경찰에게 소환되거나 데이터의 공개를 강요당하지 않도록 했다.

또한 실험은 정보를 외부에 흘릴 위험이 없는, 신용할 수 있는 연구원에 의해 대학 내에서 실시되었다. 이는 피험자들에게 신변의 안전을 확인시켜주기 위한 장치이기도 했다. 그 결과, 사이코패스들은 안심하고 자신의 악행을 털어놓았고, 전극 같은 여러 기구를 이용한 실험에도 흔쾌히 응해 주어서 귀중한 데이터를 얻을 수 있었다.

사회적 지위가 높은 사람 = 사이코패스?

승리그룹 사이코패스에 대하여 좀 더 깊이 파헤쳐 보자.

2012년 미국과 캐나다의 공동연구팀이 약 1천 명을 대상으로 한 실험과 조사에서 "부자에 고학력, 사회적 지위도 높은 사람일수록 규범을 지키지 않고 반사회적인 행동을 한다."고 미국 과학아카데미의 기요(紀要)[11]에 발표했다.

'게임'이라고 속이고, 주사위의 눈에 해당하는 상금을 내는 심리 실험을 한 결과, 사회적 지위가 높은 사람일수록 (자신에게 유리해지도록) 실제보다 높은 점수를 신고하는 비율이 높았다는 것이다.

독일의 아헨 공과대학교의 연구팀 또한 경영자를 비롯하여 사회적 · 경제적 지위가 높은 사람일수록 사이코패스가 많을 것이라고 추정하고 있다.

---

11) 기요(紀要) : 대학이나 연구소 등에서 정기적으로 내는 간행물.

거짓말쟁이의 전두전피질

거짓말쟁이와 전두전피질의 관계에 대한 흥미로운 데이터도 있다.

에이드리언 레인은 체포된 적이 있는 반사회적인 인물은, 선악의 판단을 관장하는 전두전피질의 회백질이 정상의 4분의 3밖에 안 된다는 것을 발견했다. 회백질은 신경세포(뉴런)의 세포체가 모인 부위이다.

또한 레인은 피험자를 〈병적인 거짓말쟁이〉, 〈일반인〉, 〈반사회성 인격장애를 가졌으나 병적인 거짓말쟁이는 아닌 사람〉의 세 그룹으로 나눈 다음 전두전피질의 백질(뉴런의 연락로)의 양을 비교하였다. 그 결과, 〈병적인 거짓말쟁이〉 그룹이 〈일반인〉 그룹보다도 백질의 양이 25% 더 높았다고 한다.

즉 사이코패스의 전두전피질은 일반인보다 회백질은 적고 백질이 많은데, 이것이 사이코패스의 행동 원인 중 하나로 작용할 가능성이 있다.

사이코패스와 거짓말탐지기의 싸움

법의학자가 살인범의 마음을 조사할 때 이용하는 질문표도 사이코패스 앞에서는 무력하다고 알려져 있다. 그들은 교묘하게 거짓말을 잘하기 때문이다. '그렇다면 거짓말을 꿰뚫어보는 기계를 사용하면 되잖아?'라고 생각할지도 모른다.

그러나 거짓말을 꿰뚫어보기 위한 기술이나 이른바 거짓말탐지기(폴리그래프 등)는 고대에서 현대에 이르기까지 정확성을 의심할 만한, 즉 완벽하게 거짓말을 밝혀냈다고 할 수 없는 여지가 많다.

예를 들면, 고대 그리스인은 근육의 경련이나 얼굴이 붉어지는 것으로 거짓말을 밝힐 수 있다고 생각하여 인상학(人相學)이라는 학문을 만들었다.

고대 중국에서는 범죄자의 거짓말을 가려내기 위해 쌀가루를 이용했다. 쌀가루를 입에 머금었다 뱉어내게 하여 그 습기 정도에 따라 범인을 판단했다. 마른 만두를 삼키게 하는 방법도 있었다. 거짓말을 해서 불안해지면 초조함을 느껴 타액이 없어지기 때문에 입 안이 말라 있으면 범인으로 간주했던 것이다.

같은 이유로 아랍의 베두인에게는, 철을 뜨겁게 달군 후 핥게 하여 혀에 화상을 입은 쪽이 범인이라고 판단하는 풍습도 있었다.

정신분석의 시조로 이름이 드높은 프로이트는 "거짓말쟁이는 손끝으로 말한다."고 했다. 그는 손가락의 움직임으로 거짓을 읽어낼 수 있다고 주장했지만, 보통 '거짓말할 때의 징후'로 알려진 '눈을 피한다', '말을 더듬는다', '안절부절못하다', '얼굴에 손을 댄다' 등과 마찬가지로 '손가락의 움직임' 또한 현대 과학에서는 인정하지 않는다. 그런 것만으로는 거짓말을 꿰뚫어볼 수 없기 때문이다.

호흡·맥박·혈압 등 복수의 생리현상을 전기적 또는 물리적인 시그널로 계측하는 폴리그래프는 약 1세기에 걸쳐 '거짓말탐지기'로 이용되어왔다. 거짓말을 하면 스트레스가 쌓여서 혈압상승이나 호흡횟수의 증가, 땀을 흘림으로써 피부 전도율에 변화를 가져오기 때문이다.

그러나 최근에는 폴리그래프도 결함이 있다는 것이 명백해졌다. 진실을 말하고 있을 때도 피험자에게 중대한 사항이라면 질문당할 때마다 두려워하거나 동요할 수 있다. 의심받는다는 사실만으로 자율신경계가 자극받는 '유죄의식 과잉자'라고 불리는 사람이 있는 것이다.

반대로 경험이 축적되어 실없는 거짓말을 하거나 다른 일을 생각함으로써 생리적인 반응을 일으켜 본질적인 범죄에 대한 사실을 감추는 테크닉을 지닌 범죄자도 있다.

폴리그래프는 정확하게 말하자면 '긴장검지기'이지 '거짓말탐지기'는 아니다.

미국 과학아카데미의 통계에 의하면, 약 75~80%는 폴리그래프 검사로 거짓말한 사람을 바르게 찾아냈지만, 약 65%는 오해를 하여 진실을 말하는데도 거짓말쟁이라고 판정해 버린다(!)고 한다.

반면 "사이코패스도 폴리그래프는 이기지 못한다."고 하는 연구 결과도 있다.

저명한 심리학자인 미네소타 대학교 스타크 R. 해서웨이와 크리스토퍼 j. 패트릭 교수가 정리한 『사이코패시 핸드북』에는, 사이코패스와 일반인 수감자를 대상으로 '실제로는 저지르지 않은 범죄에 혐의를 두고' 폴리그래프를 이용하여 비교한 연구가 소개되어 있다. 그 결과, 당초의 예상과는 달리, 폴리그래프를 속이는 데 성공한 사이코패스는 아주 적었다고 한다.

그렇다면 좀 더 최신 기술을 이용하여 거짓말을 판정할 수는 없는 것일까?

인도에서는 MRI가 거짓말탐지기로 이용되어 재판에서 유죄를 확정짓는 유력한 증거로 채용된 예가 있다. 뇌에는 불안이나 충동을 컨트롤하려는 영역이 있어서 질문에 답할 때마다 그곳이 활성화되면 그 발언은 '거짓말'이라고 판단하면 된다는 것이다.

90% 이상의 확률로 거짓말을 밝힐 수 있다고 사전 선전을 하고 있는데, 이 말은 나머지 10%는 정확하지 않을 수도 있다는 뜻도 된다. 억울한 10%를 가벼이 생각할 수는 없다. 인도의 예는 신경과학계에 큰 충격을 준 사건으로 기록되어 있다.

애초에 좁은 MRI 장치에 들어가는 것 자체에 불안을 느끼는 사람도 있다. 재판이 아닌 통상의 실험이나 검사라도 폐쇄공포증으로 들어가지 못하는 사람도 있다. 법정에서 fMRI를 거짓말탐지기로 상용하는 것은 적절하지 않다. 뇌기능영상이 그대로 범죄 사실 유무를 판단할 수 있는 수준까지 아직 도달하지 못했기 때문이다.

물론 위증을 밝히는 방법의 하나로 유용하게 쓰일 수는 있다. 즉 "피의자를 검사한 결과, 뇌에 이러한 반응이 있었다."고 말할 수는 있지만, "이런 뇌이기 때문에 범죄를 저질렀을 것"이라고 확정지을 수는 없다는 말이다.

이번 장에서는 뇌의 기능을 중심으로 사이코패스의 특징을 살펴보았다.

결론을 다시 한 번 짚어두자.

뇌의 전두전피질 가운데 안와전두피질과 내측전두전피질의 양쪽 기능이 저하되어 있으면 반사회적 행동의 위험성이 높아진다. 사이코패스는, 편도체와 안와전두피질 혹은 내측전두전피질과의 연결성이 약하다고 알려져 있다.

일반적으로 편도체의 이상은 '감정의 결여'에 관여하고, 전두전피질의 이상 또는 약한 연결성은 학습이나 자기반성, 감정을 억제하는 '인지'에 영향을 미친다고 알려져 있다.

또한 사이코패스를 대상으로 한 뇌영상 연구에서 다음의 사실들을 알 수 있다.

① 뇌양의 확대

② 해마후부의 체적 감소

③ 해마전부의 비대칭성(좌측보다 우측이 확연히 크다)

④ 전두전피질의 회백질의 용적 감소

이 중 ③과 ④는 〈실패한(패배그룹) 사이코패스〉라고 보이므로 〈성공한(승리그룹) 사이코패스〉에게는 인정되지 않는다.

다음 장에서는 사이코패스의 연구사를 거슬러 올라가 〈사이코패스는 유전인가 환경인가〉라는 문제에 대해 살펴보고자 한다.

3장

사이코패스의 발견

지금까지 사이코패스의 외면적·내면적 특징과 뇌과학으로 본 사이코패스 특유의 뇌 구조에 대해 검토해 보았다.

대체 어떤 동기로 인간은 사이코패시 성향이 높은 뇌를 갖게 되었을까? 선천적(유전적) 요인이 있는 것일까, 아니면 후천적인 요인(성장환경 등)에 의한 것일까?

이 물음에 대한 답을 구하기는 쉽지 않다. 연구를 시작하기 전 먼저 윤리적인 문제를 염두에 두어야 하기 때문이다. 답을 찾아내는 방식도 신중을 기할 필요가 있다. 지금 이 시간에도 과학자들은 여러 검사를 통해 끊임없이 답을 찾아내기 위해 노력하고 있다.

이번 장에서는 사이코패스의 역사를 파헤치면서 최근의 연구 결과를 소개하고자 한다.

예전부터 있었던 사이코패스

사이코패스는 요즘 들어 갑자기 생겨난 존재가 아니다.

'사이코패스'라는 명칭이 없었던 것뿐, 옛날부터 그에 해당하는 사람들은 있었다.

하버드 대학교의 인류학자 제인 머피에 의하면, 알래스카 북서부의 소수민족 유픽(이른바 이누이트)에게는 사이코패스에 해당하는 인물을 가리키는 단어 〈kunlangeta〉가 옛날부터 존재했었다고 한다.

이것은 '무엇을 해야 하는지 몰라서 그것을 하지 않는다'= '반복해서 거짓말을 하며 속이거나 훔치는 남자'를 의미한다.

500명에 한 명꼴로 있다고 일컬어지는 kunlangeta는, 무리들과 사냥에 나가지 않고 다른 남자들이 마을을 나서면 많은 여자들에게 섹스를 강요한다. 그들은 비난을 받아도 개의치 않으며, 장로의 앞에 끌려가 벌을 받아도 몸가짐을 고치지 못한다. 결국 최후에는 집락의 누군가가 kunlangeta를 얼음 바다에 던져 죽여버린다고 한다.

머피는 아프리카(현재의 나이지리아)에 거주하는 민족 집단 요르반인에게도 〈arankan〉이라는, 역시 사이코패스와 같은 인물을 표현하는 단어가 있음을 알려주었다. arankan은 '남에 대한 일말의 배려도 없이 자기 마음대로 행동하고, 무리와 협력하지 않으며, 악의에 찬 고집 센 인간'을 가리킨다.

kunlangeta도 arankan도 그 집단 안에서는 '선천적인 것으로 고칠 수 있는 문제가 아니다'라고 생각했다. 타고난 특이한 기질로 인하여 사회에 적응할 수 없는 존재로 간주되었던 것이다.

남에게 피해를 입히고 죄를 저질러도 반성하지 않는 인간이 일정 수 이상 나오게 되면, 집단의 질서를 유지할 수 없게 된다. 아무도 모르게 죽이거나 따로 수감하는 등 공동체에 따라 방법은 다르지만, 패배그룹 사이코패스는 그렇게 배제되어왔다.

혁명가·독재자로서의 승리그룹 사이코패스

역사상으로는 간혹 일반인들에게 배제당하지 않고 오히려 우두머리가 된 승리그룹 사이코패스로 짐작되는 인물도 보인다. 물론 뇌기능영상이나 DNA 등의 증거가 존재하지 않으므로 어디까지나 개인적인 견해임을 미리 밝혀둔다.

일본의 역사인물 중에서는 오다 노부나가(織田信長)가 사이코패스의 전형이라고 할 수 있겠다. 구태의연한 질서의 파괴자이며, 신불(神佛)에 대한 두려움을 모르고('신앙심이 약하다'는 점은 1장에서 소개한 조나단 하이트의 연구와는 모순되는 부분이지만), 많은 무장들을 사로잡은 극히 매력적인 존재였다.

미시간 주의 오클랜드 대학교 공학부 교수 바바라 오클레이는 저서 『악의 유전자』에서 '모택동도 사이코패스가 아니었을까? 라고 피력하고 있다.

유소년기의 모택동은 부친을 향하여 "연장자니까 나이 어린 나보다 힘쓰는 일을 해야 한다."고 주장했다고 한다. 이것은 당시 유교 사회였던 중국에서는 말도 안 되는 발언이다. '장유유서(長幼有序)'라는 가치관을 부정한 모택동은, 타고난 권위의 파괴자, 혁명가였을지 모른다. 게다가 그는 타고난 말솜씨로 사람들을 매료시키고, 권력을 획득했다. 모택동이 남긴 명언의 일부는 『모택동 어록』에 수록되어 있다.

그러나 모택동의 사생활은 파탄 그 자체였다. 그는 여러 명의 애인을 두었으며, 버려진 첫 번째 아내와 아들이 가난과 정신질환으로 비참한 생활을 해도 전혀 연민의 정을 보이지 않았다고 한다. 가족을 포함한 타인의 아픔을 모르는 인간이 아니라면 대숙청을 행하는 일은 불가능했을 것이고, 문화대혁명으로 귀중한 역사적 유산이나 예술작품을 파괴하는 일도 하지 못했을 것이다.

러시아의 표트르 대제도 사이코패스였던 게 아닐까 의심된다. 그는 외모가 출중한 미남자였는데, 젊은 시절에는 조선 기술을 배우기 위해 기사로 위장하여 네덜란드에 가기도 했다(사기꾼 크리스토프 로캉쿠르를 떠올리게 한다).

네덜란드에서 그는 조선 기술뿐 아니라 치과 기술도 습득하였는데, 그는 남의 충치를 발치하는 것을 무엇보다 즐겼다고 한다. 부하의 충치를 발견하고는 당장 빼내려고 해서 부하가 도망 다닐 지경이었다고 하니 말이다. 환자에게 주사를 놓고 즐거워했던 제인 도판(1장 참조)을 떠올리게 하는 에피소드이다.

임상심리학자 스코트 릴렌펠드(미국 에모리 대학교 심리학교수), 법심리학자 스티븐 루벤저, 심리학자 토마스 파싱바우어의 분석에 의하면, 존 F. 케네디와 빌 클린턴을 비롯한 몇몇 역대 미국대통령도 현저한 사이코패스 특성을 보이고 있다.

사이코패스로 의심되는 의외의 인물로는 20세기에 활약한 성녀 마더 테레사가 있다. 신경학자 제임스 팰런(캘리포니아 대학교 어바인 교정)은, 마더 테레사가 보살폈던 아이들이나 측근들에게 냉담했다는 여러 기록들을 근거로 제시하고 있다.

예를 들어 영국의 작가 크리스토퍼 힛첸스는, 저서 『선교사의 입장(Missionary Position)』에서 마더 테레사가 아이들에게 미흡한, '잔혹'이라는 표현이 연상되는 취급을 했다고 지적하고 있다. 박애주의자란 특정 소수의 인간에게 깊은 애착을 만들지 못하는 사이코패스인지도 모른다.

리스크를 두려워하지 않고 큰 사업을 하는 역량, 정치가로서 대중을 매료하는 재능… 사이코패스의 이러한 특성들은 한 발 잘못 디디면 독재와 숙청을 부르게 되지만, 때와 장소에 따라서는 필요악인지도 모르겠다.

그리스 시대의 사이코패스

의학적으로는 어느 때쯤부터 사이코패스라는 개념이 등장한 것일까?

고대 그리스에는 '사이코패스'라는 단어가 없었다. 그러나 그와 비슷한 존재에 대한 기술은 남아 있다.

역사상 가장 잔혹한 처형기구의 하나로 알려져 있는 〈팔라리스의 황소〉라는 것이 있다. 역사가 디오도로스의 기록에 의하면, 반란으로 왕위에 오른 팔라리스의 명으로 과학자이자 조각가인 페릴라우스가 만든 것이라고 한다.

페릴라우스는 열전도성이 뛰어난 놋쇠를 황소 모양으로 주조하고, 옆쪽 문을 통해 안쪽 공간에 사람을 집어넣을 수 있게 만들었다. 이 놋쇠 황소의 밑에 불을 피우면 안에 갇힌 사람은 불과 10분도 지나지 않아 목숨을 잃었다고 한다.

당연히 안에 갇힌 사람은 고통스러운 나머지 비명을 지를 터이다. 보통의 감각을 지닌 사람이라면 이 비명이 밖에는 들리지 않도록 설계했을 것이다. 형벌을 주는 측이 형벌을 받는 사람의 고통을 가능한 느끼지 않도록 말이다.

그러나 〈팔라리스의 황소〉는 오히려 반대였다. 이 놋쇠 황소의 입은 특수한 나팔관과 같은 구조로 되어 있어서 단발마의 비명이 마치 소의 울음소리처럼 들리는 것이다. 타인의 고통을 즐길 수 있게 만든 설계에 페릴라우스의 사이코패스로서의 요소를 발견할 수 있다.

참고로, 이 놋쇠 황소의 첫 번째 희생자가 된 것은 다름 아닌 제작자인 페릴라우스였다고 한다. 사이코패스인 것이 발각되어 그에 상응하는 보상을 받은 것인지, 아니면 제작을 명한 팔라리스가 페릴라우스 이상 가는 사이코패스였던 것인지는 모르겠지만, 아무튼 처참한 에피소드임에는 틀림없다.

섬망(譫妄)[12] 없는 광기

19세기가 되자 영국의 정신과의 제임스 코울즈 프리처드와 헨리 모즈레이 등은 정신병을 체계적으로 완성하는 작업을 시작하였다. 프리처드는 반사회적이고 타인을 대하는 공감이 결여된 인격을 〈배덕증(背德症)〉이라고 정의하고 있다.

그 후 1891년, 독일의 정신과의 율리우스 L. A. 고흐가 양심이 결여된 반사회적 인격을 〈Psychoathische Minderwertigkeiten(사이코패스적 장애)〉라고 이름 지었다. 고흐의 정의는 오늘날 반사회성 인격장

---

12) 섬망(譫妄) : 외계(外界)에 대한 의식이 흐리고 착각과 망상을 일으키며 헛소리나 잠꼬대, 또는 알아들을 수 없는 말을 하며, 몹시 불안해 하기도 하고 비애(悲哀)나 고민에 빠지기도 하면서 마침내 마비를 일으키는 의식 장애. 만성 알코올 의존증, 모르핀 중독, 대사 장애 따위에서 볼 수 있다.

애와 거의 같으며, 이때 역사상 처음으로 사이코패스가 '발견'되었다고 할 수 있다.

이후 세계 각국의 정신의학자에 의하여 사이코패스의 연구가 진행되었다. 공무원시험의 적성검사에 이용되고 있는 〈우치다 크레펠린 검사〉로 이름이 알려져 있는 에밀 크레펠린도 그중 한 사람이다.

크레펠린은 1856년에 출생한 독일의 의학자이다. 하이델베르크 대학교의 정신의학과 교수가 된 그는, 환자의 병력과 퇴원 당시의 상황이 기록된 카드로 정신장애를 분류하였으며, 그것을 기준으로 교과서를 집필하였다. 1899년에 발행한 6판은 오늘날 정신의학의 세계 표준이 된『정신장애 진단 및 통계편람(DSM)』에 이르기까지 지속적인 영향을 주게 된다.

크레펠린은 〈공상적 허언〉이라는 분류를 만들었다. 공상적 허언이란 '자신의 공상이 현실보다 우선인 사람', 혹은 '자신의 공상을 현실로 만들기 위하여 사건을 일으키는 사람'을 말하는데, 이는 사이코패스의 유형과 일부 겹친다.

로버트 헤어에 의하면, 처음으로 사이코패스에 대해 서술한 임상의학자는 18세기 말에서 19세기 초에 걸쳐 활약한 프랑스의 정신과의 필립 피넬이었다고 한다.

피넬은 파리에서 정신병 환자의 족쇄를 벗기고 인도적으로 대접했다고 하는데, 당시로서는 과히 획기적인 방법을 시도한 것으로도 잘 알려져 있다.

피넬은 한 남자가 태연자약한 얼굴로 개를 발로 차서 죽이는 광경을 목격한다. 그는 그것이 잘못된 행위라고는 전혀 생각지 못하는 듯했고, 그 밖의 다른 면은 정상처럼 보였다.

피넬은 이처럼 양심의 가책이나 자제심이 완전히 결여된 행동 패턴을 설명하기 위하여 1801년에 〈섬망 없는 광기〉라는 단어를 사용한다. 섬망(delirium)이란, 의식이 혼탁해져 환각이나 착각이 보이는 상태를 말한다. 즉 의식은 명석하고 이성적인 사고를 할 수 있음에도 불구하고 이상한 감정을 가진 인간이 있다는 점에 주목한 것이다.

19세기 전반의 미국인 의사 벤자민 러시도 피넬과 비슷한 내용을 기록한 바 있다. "나면서부터 이상하리만치 윤리적인 관념이 결여된 인간이 존재한다."라고.

정상의 가면

그렇다면 사이코패스가 일반인들에게도 알려진 것은 언제쯤일까?

사이코패스의 상세한 견해를 처음으로 일반인들에게 제시한 책은, 1941년 미국에서 발행된 하빈 클렉크레이(조지아 의과대학교 정신과 교수)의 저서 『정상의 가면(The Mask of Sanity)』이라고 알려져 있다.

'정상의 가면'이란, 사이코패스에 대한 클렉크레이의 생각을 표현한 말이다. 표면적으로는 정신병 같은 증상을 보이지 않음에도 불구하고, '그들은 자신의 감정을 말로 잘 표현할 수 없는 장애를 품고 있다'고 본 것이다.

그는 머리말에서 "이 책의 내용은 잘 알려진 문제이지만 사회에서는 방치되어 있다."라고 기술하고 있다.

1930년대가 끝나갈 무렵, 클렉크레이는 정신의료시설에 근무하고 있었다. 당시는 범죄자든 일반 환자든 정신질환 증상을 보이든 모두 정신의료시설에 보내 수용하였다. 환자를 관찰할 기회를 얻은 그는 특이한 환자들의 존재를 발견한다.

그들은 망상이나 사고의 혼란, 과도한 걱정과 신경질 같은 증상을 보이지 않는 환자로, 대부분의 상황에서는 정상으로 보였다. 하지만 관찰을 지속한 결과, 그들은 타인의 마음을 이해하거나 배려하는 일이 전혀 없다는 것을 알게 되었다.

그들은 정상인과 같은 이성을 가지고 있는 것처럼 보이지만 타인을 상처 입혀도 후회나 반성을 하지 않고, 과거의 경험에서 타인의 마음을 배우지도 못한다. 그들은 인생의 목표나 계획을 가지고 있지 않았으며, 별일 아닌 일에도 거짓말을 한다. 놀라운 것은, 그들은 본 모습을 들키기 전까지는 꽤나 성실한 인간으로 비친다는 사실이다.

그들은 다른 환자나 가족, 나아가서는 병원의 직원들까지 매료시켜 본인이 유리한 방향으로 조종하면서 이용하고 있었다. 그야말로 현대에서 말하는 사이코패스이다.

클렉크레이는 사이코패스의 네거티브한 면만을 강조했던 것이 아니다. 빈틈이 없고 회전이 빠른 두뇌, 사람을 매혹시키는 말솜씨 등 천재적인 측면도 공평하게 묘사하고 있다.

또한 그는 사이코패스가 일반인과 다른 말투를 쓰는 것에 주목했다. 문장의 구조, 단어의 선택법, 말하는 속도, 리듬감이 일반인과 다르다는 것이다. 이 점에 주목한 후세의 연구자들이 r-a-p-e(강간) 같은 단어를 이용하여 사이코패스의 감정 반응을 실험하게 된다(실험 결과에 대해서는 1장을 참조).

클렉크레이는 사이코패스의 진단 기준으로 표면적인 매력, 불안의 결여, 죄악감의 결여, 신뢰할 수 없음, 불성실, 자기중심적, 지속적인 친밀 관계를 유지하지 못함, 죄로부터 배우지 못함, 감정의 빈곤, 자신의 행동이 타인에게 미치는 영향을 감안하지 못함 등 16개의 항목을 들고 있다. 하지만 클렉크레이는 이 체크 리스트를 정식으로 진단에 이용한 적이 없고, 통계에 의한 검사도 실시하지 않았다. 어디까지나 관찰과 측정에서 얻은 경험칙을 정리했을 뿐이다.

클렉크레이는 『정상의 가면』에서 "사이코패스는 치료 효과를 얻을 수 없다. 효과적인 치료에 필요한, 동료들과의 감정적인 결합을

110

만들어줄 수가 없다."라고 서술하고 있다. 이 책에서 지적한 바와 같이 1990년 이전에는 〈성인 사이코패스의 치료를 위한 효과적인 방법은 없다〉고 결론짓고 있었다.

『정상의 가면』 이후 1957년에 행동유전학자 데이비드 리켄(미국 미네소타 대학교 정신과 교수)은 〈조건 있는 혐오〉 실험을 통해 사이코패스는 일반인과 비교하여 공포의 감정이 현저히 낮다는 것을 보여준다.

1970년에는 영국의 심리학자 제프리 그레이(옥스퍼드 대학교 종신 교수)가 사이코패스 특유의 불안감 결여에 대한 가설을 제창한다.

그레이는, 벌에 대한 두려움 없이 보수만을 원하는 행위나 지속적인 반사회적 행동은 사이코패스가 벌에 대한 감수성이 결여되어 있음을 반영하는 것이라고 보았다. 또한 사이코패스는 뇌 안의 행동을 억제하는 뇌의 시스템이 약해서 다른 사람보다 불안을 느끼지 못하는 것이라고 주장하였다. 이 그레이의 이론은 몇몇 실험으로 확인되었다.

20세기 후반이 되자 풍부한 임상을 통해 사이코패스에 대한 틀이 갖추어졌다. 대인관계에서는 '지배적이면서 강제적이다', '교만하고 사기성이 높다', 감정 면에서는 '적절한 감정이 결여되어 있다', '어떤 감정 반응도 빈약하고 일시적이다', 행동 면에서는 '충동적이다', '계획성에 문제가 있다'와 같이 구체적인 개념이 형성되었다.

정신의학의 세계를 넘어 '사이코패스'라는 개념을 일반에게 알린 것은 범죄학자 로버트 헤어라고 할 수 있다. 그는 1970년에 『Psychopathy : Theory and Research』를 간행하고, 이후 이 분야의 일인자로서 이상심리를 가진 살인범 등을 분석하여 PCL(Psychopathy Checklist)과 그 개정판인 PCL-R을 만들어 사이코패스의 진단 기준을 보여주었다.

그리고 헤어의 업적 이후에 뇌과학·신경과학이 발달하면서 여러 가지 뇌의 특징이 판명되었다(2장 참조). 현재는 뇌과학에 의한 객관적인 증거에 기준하여 사이코패스가 어떤 존재인지 정의할 수 있을 정도가 되었다.

정신분석의 실추와 뇌과학의 대두

사이코패스 연구뿐만 아니라, 처음에는 심리학적으로 접근하여 받아들이던 것을 정신의학적으로 재조명하여 연구하는 경우가 많다. 더구나 최근 10년간은 극적인 뇌과학의 발전으로 인해 여러 가지 사실이 밝혀졌다. 예를 들어, 프로이트의 업적은 주의 깊게 읽으면 과학적 증명이 빈약하고 반증 가능성도 빈약한 이론임을 알 수 있다. 그런 까닭에 지금은 '엉터리 과학'이라고 부르는 사람들도 있을 정도다.

정신분석 연구에서도 병의 원인 해명과 같은 분야는 장단점이 섞여 있다. 고전적인 정신의학, 정신분석계의 연구 영역에서는 연구의 창시자와 학회 중진들의 발언을 그대로 수용하는 태도가 옳다고 생각하는 부분이 있기 때문이다.

물론 환자와의 신뢰관계를 형성하고 만족감을 준다는 관점에서, 원래 정신분석에서 이용했던 방법인 '경청'은 경험적으로 유효하기에 다른 분야에서도 응용되고 있다.

또한 환자 자신의 치유력을 끄집어내는 테크니컬한 부분이나 임상에서 환자의 케어 부분은 고전적인 정신의학의 방법이 뇌과학보다 나을 수 있다. 단, 뇌과학과는 달리 반드시 자연과학적 '가설을 세우고 팩트를 쌓아서 검증'하는 연구 방법이 아니라는 것에 유의해야 한다.

21세기에 들어선 후 뇌과학은 지금까지 심리학자들이 "이런 현상이 있다"고 의논해 온 것들에 대하여 화상 진단 등의 방법을 통하여 "실은 이 부분은 이렇다", "이 물질의 대사에 이상이 있다", "수용체가 이렇다", "연결성이 이렇다"라고 밝혀 왔다. 사이코패스뿐 아니라 다른 정신질환에 대해서도 마찬가지다.

지금까지는 동일시 취급되어 오해와 혼동을 낳던 갖가지 정신질환의 차이를 구체적이고 과학적으로 기술할 수 있게 된 것이다.

일부 뇌과학은 문학이나 사랑의 영역이라고 취급되었던 분야로까지 진출하고 있으며, 과거 부정당했던 19세기 이론의 재해석도 거론되고 있다.

신경윤리학·신경범죄학의 등장과 롬브로소[13]의 재평가

예전에는 사이코패스의 양심이나 도덕에 대하여 투고된 심리학 논문은 "이는 철학 분야이지, 우리 분야가 아니다."라며 심사 · 게재를 거부당한 일도 있었다고 한다. 물론 지금은 말 그대로 '옛날이야기'일 뿐이다.

2000년대 중반부터 '뉴런싱크스(신경윤리학)'라는 학문 영역이 구미에서 성행하여 2000년대 말부터는 일본에서도 화제가 되기 시작했다.

신경윤리학은 마음의 영역도 기질적(뇌의 물리적 · 형태적인 면에서) 혹은 물질적으로 기술하자는 학문이다. 신경윤리학에 국한된 것이 아니라, 마음을 뇌의 움직임으로 기술할 수 있을지에 관해서는 〈심뇌(心惱)문제〉라고 하여 철학자들까지 뒤엉켜 논의가 되고 있는 영역이다.

하지만 일단 '기술할 수 있다'고 가정하지 않으면 뇌과학의 연

---

13) 체사레 롬브로소(Cesare Lombroso 1835~1909) 이탈리아의 범죄학자 · 정신의학자. 저서 『범죄인』에서 범죄의 유전적 요인을 강조했으며, 『천재론』은 간질과의 관계를 밝힌 것으로 유명하다. 범죄인류학을 창시자라 불린다.

구는 불가능하다. 나 또한 이론적으로는 기술 가능하다고 간주하는 것이 연구 상의 대전제라고 생각하고 있다. 물론 일부의 철학자들은 "마음의 움직임이 모두 물질의 움직임에 따른 것일 리 없다!"며 거부와 저항을 드러냈다.

신경윤리학 이상으로 많은 사람들에게 반발을 받을 만한 영역이 또 있다. 바로 신경범죄학이다.

이 학문의 제창자인 에이드리언 레인은 저 악명 높은 〈범죄인류학〉의 시조 체자레 롬브로소를 재평가하고 있다.

1835년 이탈리아에서 태어난 롬브로소는, 정신분석의였지만 골상학과 유전학에 조예가 깊었으며, 오랜 시간 범죄자 분석에 주력하였다.

골상학에서는 〈나쁜 행위는 나쁜 성격에 기인한다. 그 나쁜 성격은 결함이 있는 뇌 조직에 유래한다. 뇌가 이상해지는 이유는 두개골의 형태가 이상하기 때문이다.〉라고 주장한다. 골상학의 아버지 프란츠 요제프 갈은, 비대 혹은 축소되어 있으면 범죄를 일으킨다고 하는 뇌의 '기관'을 몇 개 '발견'했다(이러한 업적은 후세에 거의 부정당했다). 19세기 초입에서 중반에 걸쳐 미국과 유럽에서는 골상학이 형법에 영향을 미치고, 골상학자들은 빈번하게 증언대에 서곤 했다.

사법부에서 골상학의 영향이 약해지기 시작할 무렵, 흉악범죄는 자유의사가 아니라 '야기되는 것'이라는 생각을 제창한 것이 바로 롬브로소이다.

그는 연속강간살인범을 검시 해부하며 두개골의 내측, 소뇌가 있다고 알려진 곳에 이상한 함몰이 있음을 발견했다. "그 우묵한 곳은 〈하등한 유인원이나 쥐를 비롯한 설치류, 조류〉에게 발견되는 것과 유사하다."고 롬브로소는 기술하고 있다.

그 외에도 그는 많은 범죄자를 '생물학적'인 각도에서 조사했다.

롬브로소는 "범죄자에게는 특유의 얼굴이 있다."고 주장하고, 신체적 특징으로 '커다란 안와(眼窩)', '높은 광대', '뾰족한 귀' 및 뇌의 형태의 이상 등 18개 항목을, 정신적 특징으로는 '통증에 둔감하다', '자기 현시의 욕구가 강하다' 등을 들고 있다.

그의 표현에 따르면 "범죄자들은 원시인의 유전적 특징이 격세유전에 의해 나타난, 즉 야만스럽고 지능이 낮은 유인원으로 〈역진화한 존재〉"가 된다.

그는 또한 "타고난 범죄자는 교육에 의한 갱생은 불가능하며, 영구히 격리될 필요가 있다."고 말하며 "생물학적으로 진화하고 있는 다른 범죄자와는 나누어서 수용해야만 한다."고 주장했다. 롬브로소는 고집스런 '유전파'였다.

그러나 20세기를 지나면서 롬브로소의 생각은 철저하게 부정당했다. 그의 측정 방법에 문제점이 많았다는 사실이 밝혀진 것이다. 게다가 범죄자 중에 뾰족한 귀를 가진 이가 많은 것도 아니고, 두개골의 형태에도 커다란 차이가 없음을 알게 되었다. 또한 나치의 대량학살의 '이론적 근거'가 된 우성학과 친화성이 높다는 점, 무솔리니의 인종차별정책에 이용되었다는 점도 비판당하는 데 한몫했다.

19세기에 영향력을 미쳤던 롬브로소의 모델은 20세기에 들어서자 '상습적인 범죄행위는 심리적 · 경제적 · 정치적 요인에 의한 것'이라는 정신분석학과 사회학의 이론으로 대치되었다. 롬브로소 이론에 대한 반발과 반성의 의미로, 범죄심리학에서는 범죄의 생물학적 요인의 탐구 자체가 터부시되는 경향마저 일었다.

예를 들면, 1967년 여름에 일어난 디트로이트에서의 폭동을 겪은 신경외과의 버넌 H. 마크와 윌리엄 H. 스위트는 정신과의인 프랑크 R. 어빈과 함께 미국 정신의학회지에 「폭동과 도심부에서의 폭력으로 본 뇌질환의 역할」이라는 논문을 발표하고, 마크와 어빈은 이어 "폭력은 뇌의 기능부전과 관련이 있다."고 주장하는 저서 『폭력과 뇌(Violence and the Brain)』를 간행하였다. 그러나 이는 커다란 반발을 불러일으켰다.

이에 굽히지 않고 그들은 폭력적인 성향을 바로잡기 위해서 대뇌변연계의 작은 부분에 전극을 집어넣는 치료법을 제창했다. 하지만 이 치료법은 '아이덴티티의 파괴', '비인도적인 치료'라고 비판받았고, 1973년의 연방의회 · 공청회에서 국립정신위생연구소의 소장도 부정적인 증언을 하기에 이른다.

그러나 1장에서 얼굴·심박수와 반사회성에 관한 연구 성과를 소개한 것처럼, 오늘날에도 롬브로소와 같은 분석 방법이 전혀 의미 없는 것이라고 단정 짓기는 어렵다.

롬브로소는 '범죄자는 통증에 둔감하다', '육체적인 통증도 정신적인 통증도 잘 느끼지 못하는 경향이 있다'고 지적했다. 사이코패스의 특징을 전부 이해하고 있는 우리들 입장에서 보면, 오히려 날카로운 지적이었다고 할 수 있다.

특히 예전에는 비인도적인 발상이라며 재고할 가치가 없다고 치부했던 〈범죄자에게는 생물학적인 인자가 있다〉, 〈유전적 영향이 있다〉 같은 설은 최근 과학자들에 의해 새롭게 평가되고 있다.

반사회성은 유전하는가

범죄자 중에는 자라난 가정환경에도 딱히 문제가 없고 경제적으로도 빈곤하지 않아서 '환경 요인에 의해 반사회적이 되었다'고 잘라 말하기 어려운 사람들이 많다.

한편 사이코패스라고 진단받은 사람은 유소년기부터 특이한 성질을 보인다. 어렸을 때부터 거짓말쟁이에 반항적이고, 물건을 훔치고, 싸움을 반복하며, 동물을 살상하는 데 망설임이 없고, 벌을 주어도 반성하지 않는다.

이러한 예만으로 '사이코패스는 유전'이라고 단언할 수는 없지만, 그렇다고 '유전의 영향이 없다'고도 단언할 수 없다.

20세기 후반 미국에서 화제가 된 흥미로운 범죄자가 있다. 그의 이름은 제프리 랜드리건으로, 1962년에 태어났으니 비교적 최근의 인물이다.

그는 유년기에 양자로 들어가 나름 유복한 생활을 했지만, 어린 시절부터 자주 짜증을 내는 등 감정 제어가 잘 되지 않는 아이였다. 열 살에 술독에 빠지고, 열한 살에 강도로 들어가 금고를 부수다 체포되었다. 이후 딱히 학교에도 다니지 않았으며, 약물중독자가 되어 살인도 저지른다. 그는 징역형을 언도받았으나 형무소를 탈출하여 또다시 살인을 저지르고 다시 체포되었다.

랜드리건이 애리조나에서 사형수로 지내고 있을 때였다. 한 남자가 다가와 그에게 기묘한 이야기를 건넸다.

"너하고 정말 닮은 사기꾼을 봤어."

'나와 정말 닮은 놈이라니, 과연 어떤 작자일까?'

외견도 언동도 정말로 아주 닮은꼴이라는 말에 랜드리건은 '닮은꼴'의 사내에 대해 물었고, 그가 아칸소 형무소에 죄인으로 수감되어 있다는 것을 알게 되었다. 생전 본 적도 없는 그 '정말 닮은 놈'이 바로 그의 아버지였던 것이다.

사실 랜드리건은 한 번도 진짜 아버지를 만난 적이 없고, 당연히 함께 살았던 적도 없다. 그럼에도 불구하고 아버지 또한 범죄의 상습범으로 마약과 탈주 경력을 가지고 있었다.

더 놀라운 것은, 랜드리건의 할아버지 또한 범죄자였고, 강도짓을 한 다음 그의 아들(랜드리건의 아버지)의 눈앞에서 사살되었다고 한다.

에이드리언 레인은, 쌍둥이를 대상으로 한 연구 결과, 아이의 반사회적 행동중 40~50%는 유전으로 설명할 수 있다고 주장한다.

또한 부모, 교사, 아이라는 세 명의 정보제공자의 평가를 평균으로 하여 아이가 실제로 어떻게 행동하는지를 추출한 결과, "환경 요인은 겨우 4%에 지나지 않았고 남은 96%는 유전에 의한 것이었다."라고도 기술하고 있다.

레인의 동료인 사노프 메드닉은, 덴마크의 양자의 범죄를 조사하였다. 그에 따르면, 친부모가 범죄자인 양자가 성인인 된 후에 범죄가가 될 확률은, 친부모가 범죄자가 아닌 양자보다 높았다고 한다. 게다가 친부모의 범죄 건수와 유죄판결을 받은 아이의 비율이 거의 비례했다는 것이다. 이러한 결과로 보면, 범죄 성향이 강한 성격 형성은 자라난 환경보다 유전의 영향을 강하게 받는다고 생각할 수밖에 없다.

영국의 유니버시티 칼리지 런던 발달정신병리학교실 교수인 에씨 비딩거 또한 여기에 힘을 실어주었다. 비딩거는 〈쌍둥이의 유년기 성장에 관한 연구〉에서 현저하게 사이코패스 성향이 강한 쌍둥이의 반사회적 행동은 81%가 유전적 요인이며, 환경요인은 겨우 19%에 지나지 않았다고 발표했다.

이는 반사회적인 특징이 경미한 쌍둥이는 유전의 영향이 30%, 환경요인이 70%였다는 결과와는 대조적이다.

신경전달물질의 분해가 늦다

사이코패스를 유발하는 유전자는 아니지만, 범죄와 밀접한 관계가 있다고 사료되는 유전자에 대하여 소개해 보고자 한다. 'MAOA'라고 불리는 유전자는 히가시노 게이고의 소설『플래티나 데이터』에서도 언급한 적이 있으니, 이미 알고 계시는 분도 있을지 모르겠다.

MAOA에서 MAO(monoamine oxidases)는 '모노아민산화효소'를 가리키고, 그 A타입이라는 의미이다. 모노아민이란 도파민, 노르아드레날린, 아드레날린, 세로토닌, 히스타민 등 뇌 속에 존재하는 신경전달물질의 총칭이다.

MAOA는 주로 노르아드레날린과 세로토닌을 분해하고, 전체량의 밸런스를 조정하는 기능을 담당하는 유전자이다.

신경전달물질 가운데 노르아드레날린 · 도파민 · 세로토닌은 충동 컨트롤과 주의 등 인지 기능과 관련되어 있고, 나아가서는 정신질환과도 밀접한 관련이 있다고 알려져 있다.

예를 들어, 우울병 환자의 뇌에서는 세로토닌 신경전달의 기능

저하가 보인다는 〈세로토닌 가설(모노아민 가설)〉이라고 불리는 주장이 있다. 동물실험으로 척추동물의 뇌간에 있는 신경핵의 하나인 봉선핵(縫線核)의 세로토닌 뉴런을 파괴하면 공격성이 높아진다는 사실이 밝혀졌다.

당연한 이야기지만, 인간을 대상으로는 같은 실험을 할 수는 없기 때문에 세로토닌 가설은 '아마도 그럴 것이다'라는 간접적인 증거 수준에 머물러 있다.

이 효소의 분해 정도에는 유전적인 개인차가 있고, 이것이 뇌에 하나의 개성을 낳는 것이다.

우리 중 대략 70%는 MAOA의 활성이 높은 타입의 유전자를 가지고 있지만, 나머지 약 30%는 MAOA의 활성이 낮은 타입의 유전자를 가지고 있다.

MAOA의 활성이 낮은 사람은 세로토닌과 도파민 등의 신경전달물질이 잘 분해되지 않아 남아 있기 쉽다. 그러면 세로토닌과 도파민의 효과도 지속되어 항상 마음이 들떠 있거나 공격성이 높아진다.

이 분해 정도가 낮은 타입의 여성의 뇌는 천성적으로 행복감을 느끼기 쉽고, 행복감이 높다는 조사 결과가 나와 있다. 그중에서도 특히 낮은 타입은 행복감이 높음과 동시에 매춘과 같은 반사회적 행동을 취하기 쉬워진다고도 알려져 있다.

행복감이 높은 쪽이 반사회적인 행동을 일으키기 쉽다는 말은 일견 모순된 것처럼 보일지 모른다. 하지만 모노아민산화효소의 분해 정도가 낮다는 것은, 기능하는 세로토닌의 양이 많다는 말이다. 세로토닌이 많으면 안심감, 안정감을 느낀다. 바꾸어 말하면, 그 반대인 불안감이 적다는 뜻이다.

불안감은 앞을 내다보는 힘, 장래를 생각하는 힘이 있어야 움튼다. 반대로 말하면, 세로토닌이 많으면 앞일을 생각지 않고 들뜬 마음으로 찰나적인 쾌락에 빠지기 쉽기 때문에 반사회적 행동을 취하기 쉬워지는 것이다.

남성의 경우는, 모노아민산화효소의 분해 정도가 낮으면 공격적인 타입이 되어 반사회적 행동을 일으킬 확률이 높아진다고 알려져 있다.

2002년 이스라엘 출신의 심리학자인 압살롬 카스피와 테리 모피트는, 학대받은 어린이가 성인이 된 후에 보이는 반사회적인 행동을 MAOA 타입으로 비교한 연구를 발표했다.

그들의 연구에 의하면, 비록 어렸을 때 학대를 당했어도 MAOA 유전자의 활성이 높은 타입은 반사회적 행동을 보이는 확률은 낮았다고 한다. 그러나 MAOA 유전자의 활성이 낮은 타입 가운데 심한 학대를 당한 아이는 무려 85%가 반사회적 행동을 보이고 있었다.

물론 MAOA 유전자의 활성이 낮은 타입이라도 그 영향이 발휘되는 것은 자라난 환경이 열악한 경우뿐이었다. 환경에 문제가 없는 경우는 MAOA 유전자의 활성이 높은 타입과 차이를 보이지 않았다. 즉 MAOA 유전자의 활성이 낮은 타입이 유소년기에 학대를 받으면 반사회성의 스위치가 켜지기 쉬워진다고 볼 수 있다.

저활성형의 MAOA 유전자를 보유하고 학대를 당한 이는 연구 대상인 어린이 집단의 약 12% 정도임에도 불구하고, 그 집단이 일으킨 범죄가 전체의 44%를 차지하고 있다는 데이터도 동시에 보고되어 있다.

ADHD를 동반하는 사이코패스

한편 네덜란드의 유전학자 한 브루너 팀은 MAOA의 저활성이 낮은 IQ와도 연관되어 있음을 밝혔다. 낮은 IQ는 범죄와 폭력으로 이어지는 인자로 알려져 있다. 브루너 팀은 MAOA의 활성화를 저하시키는 유전자의 돌연변이가 수세대에 걸쳐 발생하고 있는 네덜란드의 한 일가를 발견했다. 그 가계의 남성들에게 방화와 노출증, 강간 미수와 같은 반사회적 행동이 눈에 띄었던 것이다.

ADHD(주의결함·다동성장애)인 사람도 MAOA의 활성이 낮다고 알려져 있다. 사람에 따라 따르겠지만, 보통 ADHD의 증상은 눈에 뜨일 정도로 부주의하고 안절부절 못하며 충동성을 억제하지 못하는 특징이 있다.

앞서 언급한 이스라엘 출신의 심리학자인 카스피와 모피트는,

"MAOA의 활성이 낮은 타입의 아이는 일반 아이에 비해 ADHD와 반사회적 행동을 포함한 정신적인 문제를 안고 있는 경우가 많다."고 밝힌 바 있다.

사이코패스의 특징 중 하나로 충동적인 면과 무계획성이 자주 거론되는데, 이는 아마도 ADHA를 합병하고 있기 때문일 거라고 한다. 사이코패스는 ADHA와 상관관계가 높다고 일컬어지고 있다.

"MAOA의 활성이 낮은 타입은, 편도체와 대상회의 결합이 약하다."고 밝힌 연구팀도 있다. 즉 MAOA의 활성이 낮은 타입의 사람은 불안을 잘 느끼지 못한다는 것이다.

단, MAOA의 저활성과 사이코패스 자체의 직접적인 관계성은 아직 충분히 검토되지 않았다. 2011년에 발표된 한 실험 결과에 의하면, "로버트 헤어가 개발한 사이코패스 판단 체크리스트인 PCL-R의 점수로는 MAOA의 활성이 낮은 사람과 높은 사람이 별 차이를 보이지 않아 관계성을 인정하지 못했다."고 한다.

사이코패스와 정신질환의 합병증

ADHD 외에 사이코패스와 연관된 정신질환이 있을까?

사이코패스와 조현병의 합병에 대해서는 거의 실증되지 않았다. 조현병은 배외측전두전피질의 장애와 관련이 있는데, 일반적으로 사이코패스의 증상에서 그 부분은 (승리그룹과 패배그룹을 좌우하는 점에서는 관련하지만 기본적으로는) 관련이 없다고 보고되어 있다.

불안 및 기분장애(PTSA나 울병 등)와 사이코패스는 크게 상관이 없다. 사이코패스는 불안을 잘 느끼지 못하니 이것은 납득할 수 있다.

자폐증은 사이코패스와 마찬가지로 사회적 인지(원활한 커뮤니케이션을 위해 필요한 얼굴 표정, 시선의 인지, 공감 등)의 장애가 있고, 둘 다 편도체의 기능적 장애로 인식된다. 하지만 사이코패스는 편도체의 체적 감소가 보이는 데 비해 자폐증은 반대로 편도체의 체적 증가가 보인다. 또한 자폐증은 불안이 증가하는 것으로 알려져 있으므로, 이 부분도 완전 반대여서 합병할 일은 없을 것으로 보고 있다.

약물이나 알코올 등 물질남용장애(의존)는 사이코패스와 합병하기 쉽다고 알려져 있다.

도파민을 대량 방출하는 유전자

MAOA에 관련하여 도파민에 관한 이야기를 하나 더 해두자.

도파민은 '하고자 하는 마음'의 기본이 되는 물질이다.

속칭 〈쾌락의 분자〉라고 불리며, 초콜릿을 먹거나 섹스와 같은 행위에 의해 분비되어 인간에게 쾌락을 가져다준다. 다방면에 걸친 인간의 행동을 '쾌락'이라는 보수로 컨트롤하는 것이다.

도파민은 생체에 이익이 되는 행동을 플러스 평가하여 뇌에 기억, 학습시키는 기능을 맡고 있다. 뇌 속 도파민의 양이 많아지면 무언가에 집중하기 쉬워진다. 연애를 시작할 무렵의 고양감이나 일에서 큰 성공을 거두었을 때의 성취감도 도파민에 의해 주어진다. 도파민이 나오는 한은 흥분 상태가 쭉 지속되는 것이다.

인간의 뇌에서 도파민은 기본적으로 '보수'로써 일하지만, 한편으로는 바람직하지 않은 작용도 가지고 있다.

1954년 캐나다의 맥길 대학교에 소속되어 있는 제임스 올즈와 피터 밀너가 실시한 실험은 큰 화제를 낳았다. 그들은 쥐의 뇌의 쾌락중추에 전극을 삽입, 생쥐가 스스로 레버를 누르면 전기 자극을 받아 도파민이 생성되도록 하였다. 생쥐는 너무 기분이 좋은 나머지 먹는 것도 잊고 계속해서 레버를 누르기만 하였다. 생쥐가 레버를 계속 누르는 것은 도파민을 뇌 속에 방출시키기 위해서다. 이러한 실험으로 약물의존증이나 알코올의존증도 도파민이 관계되어 있음을 알게 되었다.

2010년 발표한 논문에서 밴더빌트 대학교의 조슈아 부트홀츠는, 사이코패스의 특성은 도파민의 대량 방출과 관련이 있다고 밝히고 있다.

스웨덴의 예테보리 대학교 신경의학과 연구팀이 2003년에 발표한 논문도 흥미롭다. 연구팀은 폭력범죄자를 대상으로 PCL-R의 점수와 뇌척수액인 호모바닐린산(HVA)의 수치를 조사하였는데, 둘 사이에 비례적 관계가 있었던 것이다.

호모바닐린산은 도파민의 최종 대사물, 간단히 말하자면 분해되어 오줌 등에 함유되어 배출된 것이다.

도파민이 많으면 많을수록 인간이 보수를 원하는 욕구도 커진다고 생각하면, 그 형질을 담당하는 유전자의 존재에 의해 사이코패스가 강렬한 자극을 원하고, 중독처럼 연속살인을 저지른다는 설명이 성립될지도 모른다.

환경의 영향을 받는 사이코패스

지금까지 사이코패스와 반사회적 행동에 관하여 유전의 영향을 보여주는 다수의 실험 결과를 소개하였다.

그렇다면 반사회적 행동은 유전이 모든 것을 결정하는 것일까?

유전의 영향이 크지만, 사실 환경에 의한 영향도 무시할 수 없다는 것이 또 다른 연구팀들에 의해 밝혀졌다.

반사회적 행동과 교육 및 가정환경의 영향에 관한 연구는 얼마든지 있다.

예를 들면, 미국의 경제학자 제임스 J. 헤크먼은 『유아교육의 경제학』 속에서 〈페리 취학 전 프로젝트〉와 〈아베세다리앙 프로젝트〉라는 두 개의 연구를 분석하고 있다.

〈페리 취학 전 프로젝트〉는 1962~1967년, 미시건 주 입실란티에서 저소득층 아프리카계 58세대의 아이들을 대상으로 30주 동안 실시되었다.

취학 전의 유아를 대상으로, 오전에 매일 2시간 반(180분)씩 교실에서 수업을 받게 하고, 일주일에 한 번은 교사가 각 가정을 방문하여 90분간 지도했다.

지도 내용은 아이들 연령과 능력에 맞추어 조정되었고, 비인지적 스킬(육체적·정신적 건강, 인내력, 하고자 하는 마음, 자신감, 협조성과 같은 사회적·감정적 성질)을 키우는 것에 중점을 두었으며, 아이들의 자발성을 우선으로 했다.

이렇게 취학 전 교육이 종료된 후, 교육을 받은 아이들과 받지 않은 대조 그룹의 아이들을 40세까지 추적 조사한 것이다.

〈아베세다리앙 프로젝트〉는 1972~1977년에 출생한, 리스크 지수가 높은(범죄를 저지를 가능성이 높은) 가정의 불우아동 111명을 대상으로 실시되었다. 이 프로그램은 아이가 여덟 살이 될 때까지 매일 실시되었다.

아이들은 21세까지 계속해서 조사받고, 2012년 30세가 되는 시점에 처음으로 추적 조사가 이루어졌다. 상세하게는 말할 수 없지만, 〈아베세다리앙 프로젝트〉의 개입 정도는 〈페리 취학 전 프로젝트〉보다도 더욱 철저한 것이었다.

〈페리 취학 전 프로젝트〉에서도 〈아베세다리앙 프로젝트〉에서도 실제 교육을 받은 그룹의 아이들은 대조 그룹의 아이들과 비교하여 좋은 결과를 얻을 수 있었다. 단 〈페리 취학 전 프로젝트〉의 피험자가 된 아이들은 당시에는 IQ가 높아졌지만 개입이 종료한 지 4년이 지나자 그 효과는 완전히 없어졌다.

그러나 IQ 이외의 주요한 효과는 지속되었고, 비인지능력의 향상도 그중 하나였다.

14세의 시점에서 학력검증을 한 결과, 취학 전 교육을 받은 아이는 교육을 받지 않았던 아이보다 학교에 다니고 있는 비율이 높았고 성적도 양호했다.

반사회적 행동도 40세 시점에서의 체포자율을 보면, 대조 그룹에서는 중죄 2.15%, 경범죄 6.7%, 미성년자의 범죄 0.6%였던 것에 비해, 취학 전 교육을 받은 아이 그룹은 중죄 1.2%, 경범죄 3.9%, 미성년의 범죄 0.4%로 낮았다.

즉 교육에 의해 범죄율이 준 것이다.

헤크먼은 "부모에게 방치된 채 자란 세 살짜리를 일반 가정에서 자란 아이와 비교했더니, 뇌의 사이즈가 작고 대뇌피질이 위축되어 있었다."는 데이터를 예로 들면서 유소년기의 환경이 뇌에 미치는 영향을 강조하고 있다.

즉 범죄자의 뇌에 문제가 있다고 해도, 그것이 유전 탓인지 후천적인 변형인지는 알 수 없다는 뜻이다. "원래 뇌에 문제가 있는 놈이니까"라는 식으로 무작정 낙인을 찍어 분류해서는 안 된다는 말이다. 사회 문제로 인해 후천적으로 뇌가 고장 난 것인지도 모르기 때문이다.

교육만이 아니라 가정환경 또한 범죄율에 영향을 미친다.

미국의 저명한 소아과의 나딘 버크 해리스는 "유소년기부터 사춘기에 걸쳐서 학대나 약물, 알코올, 그 외에 심히 고통 받는 환경에서 자란 아이는 몸과 뇌에 데미지를 입어 스트레스에 대한 반응에 이상 증상을 보인다."는 연구 결과를 발표했다. 해리스의 연구나 계몽활동은 인터넷에서도 쉽게 찾아볼 수 있다.

유소년기의 스트레스에 가장 큰 영향을 받는 것은 뇌의 전두전피질, 즉 스스로를 컨트롤하는 역할을 담당하는 부위이다. 신체적 혹은 성적인 학대를 받은 사람은 해마의 기능 저하가 나타나고, 노르아드레날린의 감도가 증강되어 공격성이 증가한다는 연구 결과도 다수 보고된 바 있다.

미국의 통계에 의하면, 1980년대에 중죄로 투옥된 청소년의 약 70%는 편모 가정에서 자란 것으로 나타났다. 오리건 주 사회적 학습센터의 연구로는, 반사회적인 남아 중에 부모가 모두 있는 가정의 아이는 30% 미만이었다.

1994년에는 미국 전역에서 가출한 10대가 13만 명이 넘는 것으로 집계되었는데, 이중 72%는 편부 · 편모 가정의 아이들이었다고 한다. 같은 해 미네소타 주 센터폴에서 실시된 등교거부아 연구에서는 70%가 편모 가정이었다고 밝혔다.

하지만 유전과 마찬가지로, 모든 이유를 '가정환경 탓'으로 돌리는 것 또한 불가능하다. 부모에게 문제가 있어서 가정이 붕괴되고, 그 기질이 유전적으로 아이에게 계승되어 문제를 일으켰을 가능성도 부정할 수 없기 때문이다.

유전자와 환경의 상호관계

사실 뇌과학이나 신경과학의 연구자는 '유전적인 요소가 크다'고 판단하려는 경향이 있고, 사회학자나 교육학자는 '후천적인 요소가 크다'고 판단하려는 경향이 있다. 실험자의 성찰과 선입관에 결론이 좌우되는 부분도 있다는 말이다.

이런 차이는 호칭에서도 나타난다.

로버트 헤어는 저서 『진단명 사이코패스』에서 "심리학, 생물학, 유전학적 요인을 중시하는 사람들은 〈사이코패스(정신병질자)〉라는 명칭을 선호하고, 사회의 영향력이나 유년기의 경험에서 유래한다고 생각하는 임상가나 연구자(사회학자나 범죄학자)는 〈소시오패스(사회변질자)〉라고 부르는 일이 많다."고 지적하고 있다.

나 또한 뇌과학자인지라 아무래도 유전적인 요소 쪽을 중시하게 된다.

헤어의 연구에서도 사이코패스의 가정환경이 다른 범죄자의 가정환경과 다르다는 것을 증명하지 못했다(어차피 범죄자는 문제가 많은 가정 출신이다). 하지만 가정생활이 안정적이든 불안정하든 간에 사이코패스적인 모습을 맨 처음 드러내는 것은 대부분 14세 전후이며, 건전한 가정에서 자랐어도 사이코패스일 경우에는 환경이 저지할 수는 없다고 한다.

그렇다면 사이코패스가 되는 원인은 후천적 요인보다 유전적 영향이 크다는 말이 아닌가.

하버드 메디컬 스쿨의 심리세라피스트 마사 스타우트 또한 "유아기에 부모자식간의 애착에 방해를 받아 타인과의 감정적인 유대를 맺지 못하게 되는 애착장애와는 달리, 사이코패스가 가족과 멀어지는 것은 '결과'이지 '원인'이 아니다."라고 결론짓고 있다.

『사이코패스-냉담한 뇌(제임스 블레어, 데릭 미첼, 카리나 블레어 공저)』에서도 "환경 스트레스를 받은 인간은 해마가 위축되고, 감정회로의 반응성이 증대한다. 즉 감정적으로 공격하게 된다. 하지만 사이코패스는 원래 감정 반응이 약한데 공격적인 것이 문제가 되니까 후천적 요소는 관계가 없다."고 지적하고 있다.

물론 적은 수이긴 해도 후천적 요인을 무시할 수 없다고 주장하는 신경과학자도 존재한다.

예를 들어 정신과학자 제임스 팰런은 저서 『괴물의 심연』에서 사이코패스의 탄생에 대한 〈삼각(三脚) 이론〉을 제창하고 있다. 세

개의 다리란 다음과 같다.

① 안와전두전피질, 측두엽전부, 편도체의 비정상적인 기능 저하
② 몇몇 유전자의 위험성이 큰 변이체(MAOA 등)
③ 유소년기의 정신적·신체적 혹은 성적 학대

이 세 가지 조건이 충족되어야 반사회적 행동을 하는 사이코패스가 탄생한다는 것이다. 게다가 팰런은 자신 및 그의 일족은 ①과 ②에 해당된다고 고백하여 충격을 주었다. 물론 ③의 조건이 충족되지 않았으니 그는 사이코패스가 되지 못했다는 말이다.

팰런과 마찬가지로, 최근에는 유전 혹은 환경이라는 이자택일을 강요하지 않는다. 많은 문헌이 유전과 환경과의 상호작용이 인간과 동물의 발달에 관련되어 있다고 보고 있다.

예를 들면, 앞서 설명했던 압살롬 카스피 팀에 의한 MAOA 유전자 연구 결과처럼, 원래 유전적으로 가지고 있던 잠재적인 요소가 학대를 받음으로써 도화선이 되어 〈유전자+환경〉으로 발현되는 경우도 있다는 말이다.

따뜻한 가정에서 자라 충분한 교육을 받는다면 평온하게 살아갈 수도 있는데, 유소년기의 학대, 모성의 박탈, 열악한 교육환경과 같은 마이너스 자극을 받음으로써 유전자의 스위치가 켜져서 전두전

피질이 자라지 않고 〈패배그룹 사이코패스=살인자〉가 되어버리는 경우도 있을 것이다.

1장에서 소개한 사이코패스 중 연속살인 간호사 제인 도판도 유소년기부터 청년기에 이르기까지 비참한 생활로 점철되어왔다. 그녀는 전두전피질 중 공감을 담당하는 부분이 충분히 발달할 수 없었던 환경이었다. 어쩌면 편도체와 전두전피질의 연대가 발달 단계에서 방해를 받았을 수도 있다.

교육이나 환경 등 비물리적인 요인 외에 물리적인 손상이 악영향을 미치는 일도 있다. 10세 이전에 뇌에 부상을 입으면 그 후 문제행동을 일으키기 쉽다. 충동적이고, 정서가 불안정해지며, 물건을 훔치려고 하는 경향이 있다.

약물이나 알코올 섭취, 흡연도 물리적으로 뇌를 위축시키는 요인이다. 특히 어렸을 때부터 시작한 음주는 심각한 영향을 끼칠 수 있다. 반사회적인 성향이 강한 사람이 알코올을 대량으로 섭취하면 그 성향이 더욱 가속화될 수 있다.[14]

또한 모친이 임신 중에 알코올을 대량 섭취하면, 아이의 오른쪽

---

14) 물론 반대 의견도 있다. 에이드리언 레인은 약물상용자와 반사회성 인격 장애 그룹의 전두전피질의 회백질을 비교한 결과, 후자 쪽의 체적이 14%나 적다는 것을 알아냈다. 그는 이 부분에 착목하여 약물이나 알코올을 상용하는 것이 사이코패스의 뇌의 구조적 결손을 부르는 이유는 아니라고 지적하고 있다.

해마가 왼쪽 해마보다 커지는 경향이 있음이 밝혀졌다. 80~81쪽에서 소개했던 것처럼 사이코패스의 해마도 왼쪽보다 오른쪽이 크다고 알려져 있다.

출산시의 합병증(응급분만이나 난산 등)과 생후 12개월 사이에 모성 박탈(어떤 이유로든 모자가 떨어지게 되어 엄마와의 애착관계를 형성할 수 없었던 경우)이 결합된 경우, 반사회적 행동을 일으킬 확률이 높아진다는 것도 알게 되었다.

유아기의 애착 형성과 비행의 관계는 이미 〈애착이론〉의 개척자인 정신과의 존 보울비의 1946년의 고전적 논문 「44인의 소년 도둑들」에 제시된 바 있다. 그 후 에이드리언 레인의 연구에서도 출산시의 합병증이 영향을 미친다는 사실을 밝혀냈다.

다만 현 단계에서는 사이코패스에 대해 확정적으로 말하기는 어렵다.

가족의 영향만을 살펴본다 해도 부모의 범죄행위, 모친의 연령, 가족의 인원, 학대, 가정 붕괴 등을 사이코패스와 연결시키는 인자로 확정짓기는 어렵다. 이들 원인은 서로 연관성을 갖는다. 또한 저소득, 주거환경, 충동성, 낮은 IQ, 낮은 학교성적 등 반사회적 행동을 부르는 다른 인자와도 상호 관련하여 작용한다.

어떤 인자가 어떻게 사이코패스의 발현에 관계하는지를 논증하는 것은 아주 성가신 작업이 될 것이다. 그렇다고 특정 인자를 확정

짓기 위하여 실험을 하는 것도 윤리적으로 불가능하니, 현시점에서 말할 수 있는 것은 이 정도가 아닐까 싶다.

▸ 뇌의 기능에서 유전의 영향은 크다.
▸ 자라난 환경이 도화선이 되어 반사회성이 높아질 가능성이 있다.

사회제도의 정비와 기초 교육

이쯤해서 독자들이 꼭 유념해야 할 사항이 있다. 〈뇌의 기능에 유전적 영향이 크다〉는 것은, 반사회적인 성향이 발현되기 쉬운 유전자를 가진 자를 색출하여 사회로부터 배제시키자는 말이 아니다.

설사 유전적으로 반사회적인 요소를 가지고 있다고 해도, 뇌과학은 여러 연구 결과를 통해 환경에 따라 발현을 억제할 수 있음을 보여준다. 그들이 적응하고 살아갈 수 있도록 사회의 시스템을 정비하고, 자질을 살리는 길을 마련하는 게 보다 좋은 선택일 것이다.

이미 개인적으로 DNA의 분석이 가능한 시대가 되었다. 예를 들어, 앞서 서술한 MAOA도 DNA 검사에 의해 쉽게 조사할 수 있다. 타액이나 볼의 점막을 채취하는 등 방법도 아주 간단하다.

그런 세상에서라면 간단한 DNA 검사만으로 "이 사람은 반사회적 성향이 강하다"고 낙인을 찍을 수 있다. 결국 취직이나 결혼 같은 인생의 중차대한 일에 차별을 받는다거나 '범죄자의 자손이니까 감시를 해야 한다'는 식의 여론이 들끓을 위험도 있다.

하루빨리 사회 · 윤리적으로도 법적으로도 우생학적인 생각을 피하고 대처할 수 있는 틀이 필요하다. 유전자가 사람의 행동이나 심리에 커다란 영향을 미친다는 사실을 터부시할 게 아니라 과학적 사실로 받아들여 사회적인 대응을 준비해야 한다.

일본인류유전학회는 유전자 정보를 신중히 취급하도록 경고하고 있다. 그러나 후생노동성을 위시한 중앙 부처에서는 규제 · 관리에 대한 충분한 논의가 없어 실질적으로는 불투명한 부분이 많다.

유전 정보에 대한 개인 레벨에서의 교육도 필요하다. 유전자 진단을 하는 회사 중에는, 진단 기준에 이용한 출처가 되는 논문을 제시해 주는 곳도 있다. "당신은 이 유전자에 이 뮤테이션(mutation 변이)이 들어가 있으니까 IQ가 이 정도 높아집니다. 이 논문에 준거하여 판정하였습니다."라는 평가와 논문도 첨부되어 온다. 본인이 읽어서 판단할 수 있도록 하는 것이다.

또한 출처(근원)의 논문이 어느 정도 신용 가능한지 5단계로 된 신용도 평가도 있다. "이 논문은 별 다섯 개 중 별 두 개이므로 그대로 믿지 않는 편이 좋다."라거나 "높은 확률로 심장질환을 앓습니다."와 같은 평가도 있다.

그러나 현실에서는 이러한 서비스를 〈유전자 점〉과 같은 가벼운 마음으로 이용하는 케이스도 적지 않은 것 같다. 마치 거리에 널려 있는 〈좌뇌우뇌 점〉, 〈음식 취향으로 알 수 있는 성격〉, 〈혈액형 점〉과 같은 요상한 테스트처럼 말이다.

과학적인 테스트에는 '신뢰'과 '타협'이라는 두 가지 기준을 만족시킬 필요가 있다. 이를 만족시키지 못하는 정보는 술집에서의 안주거리 정도로 생각하는 것이 좋다.

이 상태라면 유전 정보가 채용시험 따위에 이용되어, 데이터를 받은 기업 측에서는 조금이라도 리스크가 있는 인재는 배제하려고 할 게 뻔하다.

그러므로 〈반사회성에 상관하는 유전자를 가지고 있다고 하더라도 100% 사이코패스가 되는 것은 아니다〉라는 사실을 주지해야 할 것이다.

본장의 결론을 되짚어보자.

▶ 사이코패스는 유전적인 영향을 무시할 수 없다.

▶ 이제부터는 유전 정보를 당연한 것으로 받아들일 것이다.

▶ 사회제도와 법 정비, 유전에 관한 제반 교육을 실시해야 할 것이다.

▶ 학대나 열악한 환경을 피하는 것으로 반사회성의 발현을 어느 정도 억제할 수 있다는 연구가 있으므로 사회적 시책을 실시할 필요가 있다.

PSYCHOPATH

4장

사이코패스와 진화

이번 장에서는 시점을 바꾸어, 어찌하여 인류사에 사이코패스와 같은 개체가 일정 비율로 살아남았는지에 대해서 생각해 보기로 하자.

조금씩 차이는 있으나 여러 연구 결과에 의하면 100명에 한 명꼴로 사이코패스가 존재한다"고 한다. 만약 사이코패스가 생존에 유리하다면, 사이코패스는 역사 속에서 서서히 그 수가 늘어났을 것이다. 혹은 사이코패스가 생존에 적응하지 못하고 사회에서 완전히 배제되었다면 자손을 남기지 못하여 도태되고 말았을 것이다. 그러나 현실은 어느 쪽도 아니다. 마이너리티이긴 하지만 사이코패스는 일정 수로 살아남아 있다.

대체 왜 사이코패스는 인류사에서 일정한 비율로 존재하는 것일까?

그 물음에 대한 답을 찾으면 <왜 인류는 '마음'을 가지게 되었을까?>라는 중대한 수수께끼를 풀어내는 실마리도 찾아낼 수 있을 것이다.

사이코패스가 인류를 진화시켰다

사이코패스는 일반인들에게 아주 불편한 존재이긴 해도, 인류라는 종의 번영을 위해서는 필요했을지 모른다. 사이코패스와 같은 개체가 일정 수 있는 편이 거시적인 시점에서는 생존에 유리한 일도 있었을 것이다.

인류는 아프리카에서 탄생하여 단기간에 급속히 분포 지역을 넓혔다. 리스크를 두려워하지 않고 미개의 땅으로 이주를 시도했던 선조들 중에는 사이코패스가 존재했는지도 모른다. 대항해시대의 탐험가나 미국 서부를 개척하던 개척자들 중에도 공포나 불안을 모르는 사이코패스가 있었을 것이다. 솔선해서 위험을 무릅쓰고 행동한 사이코패스가 있었기 때문에 보통의 사람들도 고무되어 따를 수 있었을 것이다.

미국 육군사관학교(웨스트포인트)의 심리학·군사사회학 교수를 맡았던 데이브 그로스먼의 지적에 의하면, "전장에서 망설이지 않고 적군을 쏠 수 있는 것은 100명 중 한두 명에 지나지 않는다."고 한다. 적을 죽이고, 아군이 살상당하는 것을 눈앞에서 보면 PTSD(심리적 외상 후 스트레스 장애)가 되어 병사로서는 실격이 되는 경우도 적지 않다.

자신이 죽을지 모르는 상황이라도 주저하지 않고 침착하게 적을 공격할 수 있고, 아군의 비참한 사체를 보아도 심리적인 데미지를 입지 않는 인물이 전장에서는 용맹한 영웅으로 찬사 받는다. 아마도 그러한 인간은 사이코패스일 것이다.

케빈 더튼은, 미국의 유인우주선 아폴로 11호에 탑승했던 닐 암스트롱 역시 사이코패스가 아니었을까 추측하고 있다. 암스트롱은 자칫 아폴로가 달의 표면에 격돌할 뻔한 상황에서도 혼자만 극히 냉정하고 침착한 판단으로 착륙을 성공시켰기 때문이다.

이외에도 공포나 불안을 느끼지 않는 인간, 공감 능력이 낮은 인간, 태연하게 거짓말을 할 수 인간을 필요로 하는 상황은 얼마든지 있다.

처녀지로의 탐험, 위험물의 처리, 스파이, 새로운 식량의 확보, 원인 모를 병의 연구나 큰 수술, 적국과의 외교 교섭… 사이코패스는 일반인들은 할 수 없을 법한 일을 받아들임으로써 인류 전체에 도움을 준 면도 있을 것이다.

미국의 저명한 인지심리학자 스티븐 핑커(하버드 대학교 교수)는 저서 『폭력의 인류학』에서 "현재의 인류보다 과거의 인류가 훨씬 더 폭력적이었다."고 밝히고 있다. 시대를 거슬러 올라갈수록 전쟁도 살인도 흔한 일이었다. 사람이 상처를 입는 것도, 죽는 것도, 억울한 일을 당하는 것도, 지금보다 훨씬 흔했던 환경에서 사이코패스의 폭력성은 딱히 눈에 띄지 않았을지도 모른다.

역사적으로 보면, 전쟁을 비롯하여 사람을 죽이거나 속이는 일이 살아남기 위해 꼭 필요했던 상황은 적지 않았다. 오히려 싸움의 소용돌이 속에 있던 시대가 길었다.

그렇다면 사이코패스의 유전자가 소실되지 않았던 이유도 이해가 되지 않는가?

범죄의 흔적을 조사하는 기술이나 과학수사가 급격하게 발달한 것은 겨우 수십 년이다. 물증이나 상황 증거보다 증언의 비중이 컸던 시대라면, 임시방편으로 사람을 속이는 데 도가 튼 범인(사이코패스)은 충분히 빠져나올 수 있었을 것이다. 사이코패스에게는 살기 쉬웠던 시대가 길게 이어져 온 셈이다.

게다가 어느 시대든 보통의 신경으로는 도저히 할 수 없는 일이라는 게 있다. 냉철함을 필요로 하거나 한순간이라도 냉정한 판단을 잃어서는 안 되는 일, 아무리 부탁을 해도 타인을 믿거나 틈을 보여서는 안 되는 일이 그런 경우이다. 이러한 작업은 사이코패스의 적성에 맞다.

복수의 남성과 성적인 관계를 맺고, 확신에 찬 신탁(거짓말일지도 모르지만)을 내리는 것으로 공동체의 운영을 원활하게 한 신전 무녀를 떠올려보라. 현대의 기준으로 보면 그 형태가 비록 부도덕한 난교일지라도, 그것이 본인을 포함한 공동체 전원의 이익이 되는 것이라면 아무 문제도 없을 것이다. 옛날에도, 지금도, 사이코패스를 필요로 하는 상황은 확실히 존재한다.

양심의 기능이란?

하버드 메디컬 스쿨의 심리세라피스트 마사 스타우트는 "〈양심〉이란 '행동'도 '생각'도 '인식'도 아니고, '감정'안에 존재하고 있다."라고 지적하고 있다. 좀 에둘러 한 표현이지만, 그녀는 아마도 인간의 뇌의 기능 부위를 상정하여 한 말이라고 추측할 수 있다. 즉 "양심을 담당하는 기능은, 행동·의사결정·이성작용 등을 담당하는 영역인 배외측전두전피질(DLPFC)에 있는 것이 아니라, 자연스럽게 품어져 나오는 마음의 켕김이나 통증, 선악이나 미추(美醜)의 판단 등을 담당하는 영역인 내측전두전피질에 있다."는 말이다.

좀 더 쉬운 말로 하자면, '무언가를 하고 싶어서(행동)'도 '이것이 좋다고 이성적으로 판단해서(생각)'도 '이것이 좋다고 인식하고 있어서(인식)'도 아니고, '이런 건 하면 안 돼, 인간이라면 이럴 때 이렇게 해야만 해'라고 술렁거리는 감정이 '양심'이라는 것이다.

사이코패스는 불안이나 공포와 같은 감정에 장애가 있어서 감정이 빈약하다는 것은 앞서 설명한 바 있다. 그렇다면 〈감정 안에 양심이 있다〉 그리고 〈사이코패스에게는 양심이 없다〉라는 말은, 사이코패스의 내측전두전피질이 어떠한 이유로 기능부전 상태가 되었음을 의미한다.

그렇다면 왜 인류는 양심을 가지고 애착관계를 형성하게 되었을까?

어찌하여 누군가 상처 입는 것을 보면 가슴이 아프고, 누군가를 속는 인간을 보면 용서할 수 없다고 느끼는 것일까?

전 인류가 사랑도 배려도 자상함도 감사의 마음도 갖지 않은 존재라면, 만약 사이코패스 같은 행동을 한다고 해도 아무런 문제가 없을 것이다.

생각하면 생각할수록 〈양심〉적인 것, 바꿔 말하면 〈자신의 행동을 모니터(감시)해서 '이것이 옳은지 어떤지'를 판정하는〉 기능은 불가사의하기만 하다.

대부분의 사람은 도덕을 '당연하다'고 여긴다. 그리하여 그 '당연함'에 의문을 품는 언동을 하는 사람은 '위험하다'고 판단하고, '장래 무엇을 할지 알 수 없다'고 치부하는 일도 종종 있다.

하지만 실제로 도덕의 존재 의미를 깊이 파헤치다 보면, 그 존재 이유는 수수께끼로 가득 차 있다.

예를 들어 '불륜은 나쁘다'고 한다. 그러나 왜 나쁜지 파고들면 설명할 수 있는 사람은 많지 않을 것이다. 기분이 나빠져서? 그럼 왜 기분이 나빠지는 걸까? 왜 타인의 기분이 나빠지는 짓을 하면 안 될까? 이런 식으로 계속 물음을 파헤치다 보면 어느 순간 '싫으니까 싫은 거지'라는 동어반복, 제자리걸음을 하게 된다.

어찌하여 생리적으로 혐오감을 품는 걸까? 감각적으로 싫은 것은 왜 하면 안 되는 걸까? 이런 식으로 자꾸 캐물으면 대부분은 막

다른 길에 선 듯 사고가 정지해 버리지 않을까?

사이코패스, 즉 '양심을 가지고 있지 않은 사람들'은 인구 비율로 따지면 마이너리티이다. 그러나 사이코패스의 존재는 '인간이 왜 양심을 가지고 있는지', '양심은 무엇을 위한 것인지'를 다시 한 번 생각하게 하는, 비교의 대상이 되어준다.

이 점에 대해서 생각해 보자.

프리라이더(free rider)와 생크션(sanction)

거짓말을 하면 안 된다, 속이면 안 된다, 무엇을 독점해서는 안 된다… 이처럼 '모두가 믿고 지키는 규범'은 인간이 사회를 만들어 가는 데 불가결한 것으로 보인다.

인류는 어찌하여 이러한 규범을 갖게 되었을까?

생물학적으로 보면, 사실 인류는 개체로서 그리 강한 종은 아니다. 다른 종과 비교하면 도망도 빨리 못 가고, 육체적으로도 허약하다. 집단을 만들지 않으면 생존 확률이 극단적으로 떨어지는 것이 인간이다.

생물학적으로 약세인 인류가 살아남기 위해서는 자연환경의 변화를 극복하고 효율적으로 식량을 확보해야 했다. 하여 부모자식간의 애착관계를 형성하고 동료를 소중히 여기는 등, 사회성을 갖도록 고안하여 발전해 온 것이다. 집단을 유지하는 편이 생존과 번식을 위해서 유리했기 때문이다.

집단에서 서로 협력하고, 집단을 유지·재생산한다. 이를 위하여 필요한 형질이 서서히 형성되어 왔다고 생각할 수 있다.

집단 내에서는 구성원 모두가 조금씩 코스트(희생)를 지불한다. 그리고 코스트를 지불한 덕분에 모인 자원(물자)을 이용하여 무언가를 하고, 얻은 이익(수익)을 모두가 나눈다. 결과적으로는 구성원 전원이 득을 본다. 이것이 집단의 협력 행동이다. 징수된 세금을 사용하여 행해지는 공공의 인프라 정비 등을 상상해 보면 좋을 것이다.

좀 더 단순하게 사냥꾼들이 호랑이나 곰 같은 위험하고 거대한 동물을 사냥하는 모습을 연상해도 좋다. 여러 명이 역할 분담을 하고, 각각 조금씩 위험 부담을 감수하면서도 협력하여 포획물을 획득하는 것이다.

그러나 그중에는 규칙을 깨는 이도 분명 존재한다.

코스트는 지불하지 않고 이익만을 챙기는 사람 말이다. 일하는 척만 하는 사람이라든가, 법망을 피해 탈세나 하는 사람들이다. 이처럼 집단에 기생하는 형태로 살아남는 개체를 학술적으로는 '프리라이더(무임승차)'라고 부른다.

보통 프리라이더는 같은 집단의 동료들에게 공격을 받는다. 즉 동료들은 그의 행동을 개선시키거나 집단에서 내쫓고자 한다. 결국 프리라이더는 두 가지 중 하나를 선택해야 하는 상황에 내몰린다.

이러한 제재행동이 없으면 모두가 '프리라이더가 이득'이라고 생각할 것이고, 그리되면 집단의 협력 행동이 파괴되는 것은 순식간이다.

집단을 지키고 생존율을 높이기 위해서는 프리라이더에게 제재를 가할 필요가 있었다. 인류의 뇌는 오랜 시간에 걸쳐 집단을 유지하는 요소에게 '쾌감'을, 집단의 질서를 어지럽히고 파괴하는 요소에게는 '불쾌감'을 떠올리도록 진화해 왔다. 즉 집단의 질서를 어지럽히는 존재를 철저하게 추궁하고 공격하는 행위는 인간에게 '쾌감'이며, '바른 행동'이었다. 몇 십만 년에 걸쳐 인간의 뇌에 형성되어 온 기능이다.

오늘날에도 대부분의 인간은, 배신이나 집단의 질서를 파괴하려는 움직임에 대해 민감하게 반응한다. 이는 남몰래 무엇을 하는 존재나 배신자로 인하여 공동체 전체가 위기에 처해졌던 인류의 역사 때문이다. 인터넷에서 '댓글·악플'이라는 현상이 발생하는 것도, 규칙의 일탈자에 대한 공격을 발동하려는 메커니즘이 순간적으로 일어나, 그 충동에 따른 행동이 커다란 쾌감을 안겨주기 때문이다. 그 행위가 뇌에게는 '정의'인 셈이다.

그러나 그런 강경한 메커니즘 속에서도 사이코패스는 그 그물망을 피해 살아남아 왔다.

미국의 세인트베네딕트 대학교 및 세인트존스 대학교 심리학부

교수인 린다 밀리는, 논문 「소시오패시의 사회학-통합된 진화론적 모델」에서 사이코패스가 생존경쟁에서 살아남을 인격적인 특징, 즉 선천적인 거짓말쟁이가 성공을 거두고 자손을 남길 수 있음을 보여 준 연구를 다수 발표했다.

밀리의 연구에는 설득력이 있다. 기아가 덮쳤을 때에는 자신의 이익을 최우선으로 하여 타인의 먹을 것을 빼앗거나 훔치는 개체가 살아남았을 것이다. 말솜씨로 복수의 이성을 홀리는 개체는, 설혹 본인이 처벌되거나 죽임을 당한다고 해도 엄격하게 일부일처제를 지키고 있는 개체보다도 자손을 남길 확률이 높을 것이다.

사이코패스는 프리라이더일까?

인간이 집단을 만들지 않고 개체로 활동하는 생물이었다면, 사이코패스와 같은 존재 형태가 자연스럽다. 타인과 함께 살기 위한 '양심'이 있는 편이 유전자를 남기지 못할 가능성이 높을지 모른다.

그러나 포유류는 어미가 수유로 새끼를 키우기 때문에 어미와 새끼 사이의 애착관계가 형성될 필요가 있다. 파충류에게는 이런 애착관계가 형성되지 않아서 어미가 자신이 낳은 알을 먹어버리는 일도 있다. 인간의 눈으로는 잔혹해 보일 수 있지만, 파충류에게는 당연한 일이다.

인류가 느끼는 여러 감정을 두고 '하늘에서 내려준 것'이라는 시적인 표현은 어울리지 않는다. 그 감정은 그저 약한 종이 살아남기 위해 만들어진 것일 뿐이다. 그중 하나가 지금 이야기한 애정, 애착이다. 애정이나 우정, 서로 돕는 것을 우리는 '아름다운 행위'라고 말하지만, 실제로는 뇌가 멋대로 '아름다움'이라고 판단하는 것에 지나지 않는다.

인류의 애착 형성은 어머니와 아이의 관계뿐 아니라 아버지, 친족, 혈족 혹은 민족으로까지 확장되고 있다. 이는 그러한 관계를 중시해 온 개체 쪽이 살아남기 쉽고 유전자를 남길 수 있었다는(그렇지 않은 개체는 살아남지 못했다) 것뿐일지 모른다.

자손을 남기기 위해서는 양심이 있는 편이 생식 행동에도 유리했을 것이고, 파트너나 아이를 지켜줄 가능성이 높은 이성 쪽이 번식에도 유리했을 것이다. 또한 타인에게 친절한 개체 쪽이 자신이 죽은 다음에도 동료에게 아이의 보살핌을 맡기기 쉬웠을 터이다.

그러한 상황에서도 사이코패스가 살아남을 수 있었던 것은, 인간이라는 종의 사회성이 그만큼 '고집스럽기 때문'이라는 역설을 성립시킨다. 다소 프리라이더가 기생한다고 해도, 인류는 이미 흔들림 없는 반석의 사회기반을 갖게 되었기에 사이코패스도 도태되지 않고 살아남을 수 있었다는 말이다. 그리고 때로는, 앞서 얘기했던 것처럼 인류사회의 커다란 발전에 사이코패스가 기여했다고 할 수도 있다.

뇌에게 '증축' 당한 양심

인류에게 마음이나 감정은 왜 생겨난 것일까?

진화심리학은, 인간이 마음이나 감정을 지닌 쪽이 환경에 '보다 적응하기 쉬웠기 때문'이라고 설명하고 있다. 집단생활을 하는 생물에게는 '타인이 어떻게 행동하는가?'를 예측할 수 있는 편이 살아남을 확률이 높았다. 즉 '타인에게도 마음이 있다'고 가정하고 행동하는 편이 만사형통했다는 것이다.

1장(58~60쪽)에서도 설명했던 것처럼, '적응'이란 한 생물이 가진 형태나 생태, 행동과 같은 성질이 그 생물을 둘러싼 환경 속에서 생활, 생존, 번식하는 데 유리하게 만들어진 것을 말한다.

'양심'도 '적응'의 결과 중 하나에 지나지 않는다.

『사이코패스-냉담한 뇌(제임스 블레어, 데릭 미첼, 카리나 블레어 공저)』에 의하면, 인간의 반사회적인 행동의 피크는 17세이고, 20세 이후에 급속히 감소한다고 한다(사이코패스는 중년이 되어도, 노년이 되어도 죄를 범하는 것으로 알려져 있다).

편도체를 포함한 보수계는, 성인보다 청소년기일 때 더 활발하게 활동한다. 그래서 성인보다 젊은이가 자극에 빠져들기 쉬운 것이다.

또한 틴에이저는 전두전피질과 편도체의 결합이 약하다. 2장(71쪽)에서 설명한 것처럼, 이는 사이코패스의 특징과 같다. 전두엽과 편도체가 적절하게 결합하여 감정을 누를 수 있기 위해서는, 뇌의 축색 표면에서 전기신호의 전달을 가속시키는 역할의 '미엘린초(myelin sheath)'가 형성되어야 하는데, 틴에이저는 아직 미엘린초의 형성이 불완전하다.

10대 후반에는 성충동이 심해지는데, 이는 전두전피질의 발달과 편도체의 연결이 아직 원활하지 않기 때문이다. 브레이크가 되는 양심이 아직 형성되지 않은 탓에 반사회적인 성향이 강해지기 쉬울 거라고 추측하고 있다.

전두전피질은 브레이크로써의 역할뿐 아니라 판단, 감정의 컨트롤, 조직적인 생각이나 계획, 실행 기능도 관장하고 있다. 이러한 고차원적 행동을 담당하는 부분은 시간을 들여 완성되어간다.

뇌의 발달 과정 중 양심을 담당하는 전두전피질과 편도체의 연결성이 다른 부위에 비하여 늦게 발달하는 것은, 진화 과정에서 절대적으로 필요한 원시적인 부위가 먼저 완성된 다음, 이른바 '증축'의 형식으로 만들어진 부위이기 때문이다.

즉 '윤리나 도덕은 인류가 살아가기 위해서 부록으로 출현한 것'임을 뇌의 발달 단계에서 보여주고 있는 셈이다.

게다가 양심의 개념은 시대나 환경에 따라 변하기 마련이다. 전시중이나 기아와 같은 상황에서는, 적을 죽이지 않거나 이른바 '입 덜기'[15]를 하지 않는 편이 오히려 반사회적인 행동일 수 있다. 일부

다처가 당연하고, 아내가 한 사람뿐인 것이 낮은 신분으로 간주되던 사회 또한 있었다.

양심은 사회성과 밀접하게 관련되어 있다. 인간사회가 다양하게 변화하고 있는 이상, 그 사회성의 기준은 항상 변한다. 변하는 부분은 후천적으로 학습할 필요가 있다. 그리고 그 부분의 학습이 바로 사이코패스가 일반인과는 크게 다른 부분이다.

사이코패스가 살기 쉬운 환경

아직도 이 지구상에는 사이코패스가 살기 쉬운 사회가 존재한다. 이들 사회의 양상은 우리들의 상식이나 도덕을 상대화하는 데 도움이 된다.

브라질의 아마존 남부 분지에 문도우루크 족이라는 선주민족이 살고 있다. 수십 세대로 집락을 구성하여, 카사바[16] 등의 소규모 농경과 어업, 채집으로 생활한다. 이전에는 적대시하는 집락에 '머리 사냥'을 가기도 했다고 한다. 문도우루크 족은 아주 경쟁적인 사회라고 알려져 있다.

식물의 생산이나 채집은 주로 여성이 담당하며, 남성에게는 '웅

---

15) 가계의 부담을 줄이기 위해 아이를 고용인으로 보내거나 양자로 보내 가족의 인원수를 줄이는 것.

16) 카사바(cassaba) : 고구마 비슷한 덩이뿌리, 열대지방의 중요한 주식의 하나.

변', '두려움을 모르는 용맹함', '뛰어난 전투력'이 요구된다. 문도우루크 족의 남자들은 평소에도 이야기를 과장하고 허세를 부리며 "나는 이 정도로 위험한 남자!"라고 어필하며 경쟁한다. 여성을 유혹할 때도 "내가 아버지가 되면 이 정도의 일을 할 수 있다."고 허세를 부린다고 한다. 마치 제공할 수 있는 리소스(자원)가 많은 것처럼 거짓말을 하고, 여성의 혼을 빼놓는 것이다.

그러나 실제로 문도우루크 족의 남성은 '폭력적'이다. 그들의 신체적 특징 중 하나가 고혈당인데, 혈당치가 높아지기 쉽다는 것은 곧바로 공격을 감행할 수 있다는 의미로, 공격적인 것이 생활에 유리함을 짐작할 수 있다.

문도우루크 족은 젖을 뗀 유아를 부모가 거의 보살피지 않는다고 한다. 성인들은 육아에 최소한의 자원만 할애하기 때문에 아이는 살기 위해 스스로 살아가는 방법을 신속하게 몸에 익힌다. 식량을 비롯하여 살아가는 데 필요한 자원은 풍부한 환경이어서 자립하기도 수월하다.

이외에도 문도우루크 족에게는 놀랄 만한 성격적인 특징이 많다.

양심의 결여, 표면적인 붙임성, 화려한 말솜씨, 절조의 결여, 장기적인 인간관계의 결여… 사이코패스의 특징으로 제시했던 것과 같은 인격이 생존에 유리한 사회인 것이다.

문도우루크 족과 아주 비슷한 부족으로, 브라질 북부에서 베네

수엘라 남부에 걸친 열대우림지역에 사는 야노마뫼 족이 있다. 야노마뫼 족은 미국의 인류학자인 나폴레옹 샤그논에 의해 연구가 진행되고 있다.

야노마뫼 족은 하루 3시간 정도만 일해도 먹고살 수 있는 풍요로운 땅에서 살고 있다. 먹고사는 데 여유가 있기 때문일까? 야노마뫼 족들 사이에는 싸움이 빈번하게 일어난다. 남성의 사인 중 무려 30%가 폭력에 의한 것이고, 25세 이상의 남성 중 44%는 살인 경험이 있을 정도다. 살인의 동기로는 성적인 질투가 많다고 한다.

특이한 점은, 야노마뫼 족은 살인을 함으로써 집단 내의 지위가 올라간다는 것이다.

살인으로 지위를 얻은 남자와 살인하지 않은 남자의 아내 수를 비교하면, 전자의 평균은 1.63명, 후자는 0.63명이다. 살인자 쪽이 여자를 획득하기 쉬운 사회인 것이다. 아이의 수를 살펴보아도 전자는 평균 4.91명, 후자는 1.59명으로 역시 큰 차이가 난다.

문도우루크 족과 마찬가지로 야노마뫼 족의 남자들도 사이코패스의 특징을 보인다.

참고로, 아노마뫼 족은 난혼으로 일부일처가 아니다. 태어난 아이를 키울지 죽일지는 전적으로 출산한 모친의 판단에 맡겨지며, 모친의 판단에 아무도 왈가왈부하지 않는다. 만약 죽이겠다고 결정하면, 탯줄이 붙은 채로 갓난아기를 개미집에 방치하여 대량의 흰

개미에게 먹히도록 한다.

이와 대조적인 것이 남아프리카의 칼라하리 사막의 수렵채집 부족인 쿤 족이다. 쿤 족은 문도우루크나 야노마뫼 족과는 반대로, 식량이 빈약한 탓에 부족민이 협력하지 않으면 살아남기 힘들다.

쿤 족은 공동으로 사냥에 나가고, 성과는 평등하게 배분된다. 거짓말은 엄하게 금지되고, 일부일처제이며 배우자는 신중하게 선택한다.

육아 또한 대조적이다. 쿤 족의 아이는 부모뿐 아니라 일족이 함께 보살핀다. 문도우루크 족처럼 방임주의가 아니라, 아이가 젖을 뗀 다음에도 지속적으로 양육, 감독, 관리된다. 아이에게 막대한 투자를 해야 하기 때문에 출산율은 낮으며, 아이는 부모에 대한 의존도가 높다. 쿤 족은 철저한 호혜적 이타주의인 셈이다.

현대의 일본인은 쿤 족과 같은 가치관에는 익숙하지만, 그것이 꼭 인류의 보편적인 가치관이라고는 할 수 없다. 사이코패스적인 특성은 타고난 환경에 따라 오히려 바람직한 성향이 될 수도 있는 것이다.

사이코패스가 인기 있는 이유

문도우루크 족처럼 특수한 사회가 아니더라도 사이코패스의 남성이 자손을 남기기 쉬운 시기가 있다. 바로 여성의 생리주기에 주목하면 된다.

내가 미디어 인터뷰를 할 때면 자주 받는 질문이 있다.

"어떤 타입이 여성에게 인기가 있습니까?"

'인기 있는' 남성에는 두 가지 타입이 있다.

하나는 육아(양육행동)에 리소스를 할애해 줄 것 같은 남성이다. 예를 들면 약자를 도와주려고 하는 남성을 보면 여성의 마음이 움직인다.

남성 또한 반려를 맞아 아이가 생기면 애정 형성을 담당하는 옥시토신이라는 호르몬의 농도가 올라가면서 공격성을 담당하는 테스토스테론의 농도가 내려간다. 즉 원래는 공격적인 남성도 가족이 생기면 둥글둥글해진다는 말이다. 이 역시 양육행동에 리소스를 할애하는 편이 번식에 유리하기 때문일 것이다.

또 하나의 타입은 완전히 반대로, 사이코패스의 요소를 갖춘 남성이다. 조사에 의하면, 이런 남성이 여성 경험도 많고 인기도 많고 한다.

미국의 워싱턴 대학교에서 여대생 128명을 대상으로 겉모습이 매력적인 남성을 뽑았다. 실험 결과, 다크 트레이드(Dark Triad)라고 불리는 '사이코패스', '마키아베리스트', '나르시시스트'의 3요소를 갖춘 남성이 인기가 있었다고 한다.

일반 남성은 여성을 추켜세우기 바쁘거나 긴장해서 제대로 말도 못하는 경우가 많지만, 사이코패스는 불안 감정이 낮기 때문에 속보이는 거짓말도 자연스럽게 튀어나온다. 여성은 그것을 알아차리지도 못하고 속아 넘어가는 것이다.

"왜 여성들은 나쁜 남자에게 빠지는 겁니까?"라는 질문도 자주 받는데, 그에 대한 답은 "그쪽이 번식에 성공하기 쉬워서"라고 할 수 있다. '강한 남성의 유전자를 가진 아이가 살아남을 가능성이 높다'고 여성이 본능적으로 느끼기 때문이다. 이는 지극히 자연스러운 선택이다.

물론 강하기만 하고 공감 능력이 낮은 남성은 '여성에게도 위해를 가할지 모른다'는 위험도 있다. 그럼에도 불구하고 여성이 '나쁜' 남성을 선택하는 것은, 나중에 리스크를 짊어질지언정 눈앞의 상황에서는 번식에 성공하기 쉽다(=아이가 생존할 확률이 높다)고 판단하기 때문이다. DV(가정폭력)를 행사하는 남성이 매력적으로 보이는 현상은 의외로 이 저변에 뿌리를 내리고 있는지 모르겠다.

생리주기가 '나쁜 남자'를 원한다

앞서 실시한 심리학적인 실험 결과로 〈육아에 협력적으로 보이는 타입〉과 〈강하게 보이는 타입〉의 두 종류 남성이 여성에게 인기가 있음을 알게 되었다. 마찬가지로 뇌과학적으로도 두 가지 타입의 남성이 있다.

뇌하수체에서 분비되는 '아르기닌 바소프레신'이라는 호르몬이 있다. 체내의 수분 조정 등을 담당하는 호르몬으로, 동물의 사회 형성에도 관여하고 있다고 알려져 있다. 특히 아르기닌 바소프레신 수용체의 유전자 타입에 따라 애착 형성이 쉬운 타입과 애착 형성이 어려운 타입으로 나누어진다. 후자는 아내에 대한 불만도가 높고, 미혼율 혹은 이혼율이 높다고 한다. 후자는 일부일처제의 사회에서는 불리하지만, 난혼형의 사회라면 오히려 유리하다.

여성도 마찬가지로 두 가지 타입이 있다. 그렇다면 각각 같은 타입의 남녀가 서로에게 이끌리는 것일까? 아니면 여성 안에는 두 가지 의사 결정 시스템이 있어서 어떤 때에는 육아를 소중히 여겨줄 것 같은 남성을 선택하는 쪽으로 기울고, 어떤 때에는 강해 보이는 남성을 선택하는 쪽으로 기우는 걸까?

양쪽 다 가설이 존재하지만, 여기에서는 후자의 〈때와 장소에 따라 여성은 선택하는 남성을 바꾼다〉고 하는 가설을 소개하고자 한다.

뇌의 원시적인 부분인 대뇌변연계(편도체 등)가 '쾌감'이라고 직감하는 상대와 배외측전두전피질(DLPFC 합리성에 근거하여 판단하는 부분)이 '이 사람이 번식에 적절하다'고 판단하는 이성적인 의사 결정은 반드시 일치하지 않는다. 어느 쪽을 선택하는가는 여성의 생리 주기에 따른다.

여성에게는 DLPFC가 내놓는 이성적인 답을 무시하기 쉬운, 즉 나쁜 남자에게 빠지는 시기가 한 달에 두 번 있다. 배란기 전후의 3 일과 생리 전의 일주일이다.

이 시기에는 여성호르몬(에스트로겐)의 농도가 내려감과 동시에 세로토닌의 농도도 내려간다.

그러면 불안감과 충동성이 높아져서 냉정한 판단을 내리기 어려워질 수밖에 없기 때문에 나쁜 남자를 선택하고 만다는 것이다.

문명화된 현대사회에서는 주저하는 일 없이 양육행동을 취할 남성을 선택할 것 같지만, 호르몬 밸런스가 변화하여 보다 원시적인 쪽으로 기울면 사이코패시 성향이 높은 남성을 선택할 수도 있다는 말이다.

일본은 사이코패스가 살기 어려운 사회?

일본사회는 쿤 족과 같은 가치관을 '선'으로 생각해 왔다. 그런 관점으로 보면, 일본인은 오랫동안 어려운 환경을 묵묵히 견뎌왔다고 볼 수 있다.

제2차 세계대전 후의 수십 년 사이 일본은 세계 유수의 경제대국이 되었지만, 아마도 이런 풍요로운 상태는 일본 역사상 드물었을 것이다.

일본은 지금도 자연재해에 의한 피해 총액으로는 세계 상위에 있다. 일본의 토지 면적은 전 세계의 0.25%밖에 안 되지만, 자연재

해의 피해 총액으로는 전 세계의 약 15~20%를 차지한다. 과거 일본에서는 지진이나 분화, 태풍에 의한 수해, 기후변동에 따른 냉해, 그리고 그것들에서 기인하는 기아는 드문 일도 아니었다.

그런 환경이라면 집단에서의 협력 체제가 견고해야 하고, 부부는 함께 있으며 아이에게 리소스를 할애해야만 한다는 사회통념이 생겨난다.

이러한 나라에서라면 사이코패스는 살아남기 어려울 게 뻔하다.

참고로 일본의 신문이나 잡지의 데이터베이스에서 검색해 보면, '사이코패스'라는 단어는 90년대까지 거의 나오지 않는다. 1995년 옴진리교에 의한 지하철 사린(독가스)사건이 일어났을 때쯤 일부의 정신과의가 사용했지만, 그다지 통용되지는 않았다고 한다.

그에 비해 한국의 신문보도를 조사하면 '사이코패스'라는 단어가 빈번하게 나온다. 이는 한국이 사이코패스의 비율이 높아서라기보다, 한국에서는 범죄자나 가상의 적을 공격하기 위해 주홍글씨처럼 '사이코패스'라는 단어를 사용하기 때문이다.

한국은 전통적인 유교사회로, 집단을 유지하는 기능이 발달해 있다. 그러나 급속한 경제성장으로 이기적이고 경쟁적인 삶의 방식이 환영받는 사회로 변화하고 있다. 맹렬한 수험 경쟁도 그중 하나라고 할 수 있다.

유전자는 사회나 과학기술의 변화보다 훨씬 느린 속도로 변화하기 때문에 1세대나 2세대 만에 생리적인 유쾌·불쾌의 기준이 변하는 일은 없다.

그리되면 머리로는 '타인을 제치고 나아가는 삶의 방식에 적응해야 한다'고 생각하면서도 감정적인 면에서는 '그런 인간은 용서할 수 없다'고 느낀다. 그 알력이 비정상적 상황의 인간을 '사이코패스'라고 이름 지으며 집단으로 공격하는 것이 아닐까 싶다.

그렇다면 현대 사회에서 사이코패스는 어떤 방식으로 살아가고 있을까?

다음 장에서는 그 예를 살펴보기로 하자.

정신장애 진단 및 통계편람

현재 정신질환의 진단 기준으로 가장 널리 사용되고 있는 것은 미국정신의학
협회(APA)가 출간한 『정신장애 진단 및 통계편람(DSM)』이다.
2013년에 5번째 개정된 DSM5가 출간되었으며, 그 세부 분류는 다음과 같다.

1. 신경 발달 장애 (Neurodevelopmental Disorders)
2. 조현병 스펙트럼 및 기타 정신증적 장애 (Schizophrenia Disorders)
3. 양극성 및 관련 장애 (Bipolar and Related Disorders)
4. 우울장애 (Depressive Disorders)
5. 불안장애 (Anxiety Disorders)
6. 강박장애 및 관련 장애 (Obsessive-Compulsive and Related Disorders)
7. 외상 및 스트레스 관련 장애 (Trauma and Stressor Related Disorders)
8. 해리 장애 (Dissociative Disorders)
9. 신체 증상 및 관련 장애 (Somatic Symptom Disorders)
10. 급식 및 식이 장애 (Feeding and Eating Disorders)
11. 배설장애 (Elimination Disorders)
12. 수면-각성 장애 (Sleep-Wake Disorders)
13. 성 기능 부전 (Sexual Disorders)
14. 성 불쾌감증 (Gender Disorders)
15. 파괴적, 충동-조절 및 품행 장애
    (Disruptive, Impulse-Control, and Conduct Disorders)
16. 물질 관련 및 중독성 장애 (Substance Related and Addictive Disorders)
17. 신경인지장애 (Neurocognitive Disorders)
18. 인격장애 (Personality Disorders)
19. 변태성욕장애 (Paraphilic Disorders)
20. 기타 정신장애 (Other Mental Disorders)
21. 약물로 유발된 운동 장애 및 기타 약물 역효과
    (Medical-Induced Movement Disorders and Other Adverse Effects of Medication)
22. 임상적 관심의 초점이 될 수 있는 기타 상태
    (Other Conditions That May Be a Focus of Clinical Attention)

PSYCHOPATH

5장

현대를 살아가는 사이코패스

지금까지 뇌과학적인 측면에서 사이코패스의 특징을 살펴보았다. 아마도 사이코패스에 대한 대략적인 이미지가 형성되었을 것이다.

하지만 과연 이런 대략적 이미지만으로 현실 사회에서 사이코패스를 구별해 낼 수 있을까? 설혹 찾아냈다고 한들 대체 사이코패스와는 어느 정도의 거리를 두고 지내야 하는 걸까?

프레젠테이션 능력만 비상한 사람

비즈니스맨에게 최대의 흥미는 '과연 사이코패스에게 일을 맡길 수 있을까'가 아닐까?

미국의 산업심리학자 폴 바비악에 의하면, 사이코패시 척도를 가늠하는 점수는 경영진(관리직 · 간부) 쪽이 높고, 일반인들이 낮다고 한다. 바꾸어 말하면, '출세한 인간들 중에 사이코패스가 많다'는 것을 알 수 있다.

그렇다면 '사이코패스가 일을 잘하는 게 아닌가?'라고 생각할지 모르지만, 반드시 그런 것은 아니다.

확실히 사이코패스는 프레젠테이션 능력이 뛰어나다. 상대가 기뻐할 말로 교묘하게 심리를 조종하고, 혹은 상대의 약한 부분을 발견해서 동요시킨다. 이러한 화술이야말로 사이코패스의 특기 중의 특기다.

또한 바비악은 "사이코패스는 급격한 변화에 잘 대응하며, 그 변화를 밑거름으로 성공한다."라고도 말한다. 조직의 혼란은 스릴을 추구하는 그들에게 자극이 되고, 대담한 변혁도 거침없이 단행한다. 게다가 혼란 속에서는 부정행위를 해도 들킬 확률이 낮기 때문에 비상시 · 긴급시에 기꺼이 능력을 발휘한다.

반면 사이코패스는 경영관리나 팀 작업은 잘하지 못한다.

그들에게는 팀 작업의 기본인 성실함이 부족하기 때문인데, 타인이 성실성을 문제삼아도 본인은 잘 이해하지 못한다. 따라서 사전 연락 없이 일을 미루거나 약속을 지키는 일에 둔감하다. 충동성이 높아서 꼼꼼함을 필요로 하는 일이나 협조와 인내가 필요한 팀워크에는 어울리지 않는다.

화려한 언변에 존재감은 있지만, 자세히 살펴보면 보이는 것에 비해 의외로 결과는 별 볼 일 없는 경우도 적지 않다. 즉 입만 살아서 일반적인 일은 해내지 못하는 타입이 많다는 말이다.

바비악의 표현에 따르면, "사이코패스는 당초 주변에서 기대하는 만큼의 성과를 내지는 못하지만, 주변에서는 이를 나중에서야 알게 된다."고 한다.

이렇듯 말로만 일하는 사이코패스도 적지 않지만, 기업가로서 센스 있는 승리그룹 사이코패스도 존재한다. 그들은 리스크가 커도 두려움 없이 전진하는 힘이 있고, 아이디어나 비전을 매력적으로 피력하는 능력이 뛰어나기 때문이다.

예를 들면, 애플컴퓨터(현재의 애플)의 공동창설자 중 하나인 스티브 잡스는 세계에서 가장 세련된 승리그룹 사이코패스가 아닐까 싶다.

그에게는 탁월한 컴퓨터 지식이나 실무적인 비즈니스 스킬 따윈 없었지만, 천재적인 프레젠테이션과 니고시에이션(협상) 재능으로 전 세계의 사람들을 포로로 만든 인물이었다. 좋게 말하자면 매료시킨 것이다. 잡스의 주위에는 '현실 왜곡 필드'가 생겨나, 그의 이야기를 듣는 자는 누구라도 홀까닥 넘어가고 만다고 알려져 있다.

반면, 애플의 전 기술자나 처자에 대한 처우는 가차 없었다. 이용할 수 있을 것 같은 상대에게는 추켜세우며 가까이 다가가고, 더이상 이용할 거리가 없거나 대립한 상대에게는 날카로운 말로 공격하며, 그때그때 사귀는 사람이 계속 바뀌고, 예전의 지인들을 잘라내 버리곤 했다.

말단 엔지니어로 일하던 젊은 시절, 잡스는 주어진 일을 완수하지 않고 친구인 스티브 워즈니악(후에 애플컴퓨터의 공동창설자)에게 슬쩍 떠넘겼다고 한다. 워즈니악이 대신 일을 해준 덕분에 잡스는 5천 달러나 되는 돈을 보수로 받았다. 하지만 잡스는 워즈니악에게 "보수는 700달러였다."는 거짓말로 반액인 350달러만을 건네고 나머지는 전부 자신의 주머니에 챙겨 넣었다.

애플이 성공하여 조직이 커지자 일상 업무가 많아졌고, 세세한 사무작업이나 노무관리, 소소한 인간관계의 신뢰 같은 것들이 중요해졌다. 그러자 그러한 조직이 성에 맞지 않았던지 잡스는 애플에서 추방당한다. 그리고 애플이 위기에 처했을 때 또다시 잡스가 필요해졌던 것이다.

실리콘밸리의 기업가에게 필요한 기질은 사이코패스의 성질과 일치한다.

바비악은 '기업가인 척하는 사이코패스'에 대하여 세 가지로 정리하고 있는데, 다음을 보면 일목요연하다.

① 사이코패스는 변화에서 흥분을 느끼고 항상 스릴을 추구하기 때문에 새로이 벌어지는 상황에 기꺼이 빠져든다.
② 규칙의 무법자인 사이코패스는 자유로운 사풍(社風)에 쉽게 익숙해진다. 융통성 없는 규칙을 중시하지 않으며, 러프한 의사결정이 허락되는 상황을 이용한다.
③ 자기가 일을 해내는 능력보다 스태프에게 일을 시키는 능력이 중시되는 리더 직은, 타인을 이용하는 것이 특기인 사이코패스에게도 안성맞춤이다. 변화가 빠른 업계나 부동산의 경우, 급변하는 상황이나 의외의 변화가 좋은 결과를 가져온다.

상황이 아무리 혼란스러워도, 주위 사람들이 새로운 비즈니스 모델에 대응하지 못한 채 거부반응을 일으켜도, 사이코패스는 냉정함을 유지할 수 있다. 모두가 자신을 잃은 상황이라도 사이코패스만은 자신만만하게 행동한다. 이런 부분을 높게 평가하는 사람도 많을 것이다.

이러한 사이코패스의 특성을 감안하면, 면접만을 중시했던 채용시험이나 대학의 AO입시[17]가 걱정스럽다. 지나치게 매력적이고 확신에 찬 당당한 말투로 답하는 사이코패스만이 통과하는 시험이기 때문이다.

마찬가지로, 일반인이 배심원으로 참여하는 국민참여재판제도 또한 말솜씨가 특기인 사이코패스의 존재를 생각하면 위험하기 그지없는 노릇이라고 하겠다.

경력이나 명함이 너무 화려한 사람

간혹 탤런트나 정치가가 경력을 사칭한 사건으로 시끄러울 때가 있다. 성형한 얼굴로 마치 혼혈인 것처럼 행동하던 텔레비전 코멘터(자칭 컨설턴트)[18]의 정체가 폭로된 사건이 아직 기억에 선명할 것이다.

이러한 사람들을 모두 사이코패스라고 단정할 수는 없지만, 스스로를 지키기 위해서는 '사람을 속이거나 이용하는 도구로 경력이나 명함이 유용하다'는 사실을 아는 사이코패스가 있다는 것은 알아두는 편이 좋다.

내가 예전에 소속되어 있던 MENSA에도 사이코패스라고 의심되는 사람이 몇 있었다. MENSA는 '인구 상위 2%의 지능을 가진 인간만이 입회할 수 있다'는 것을 강조하고 있는 까닭에 〈MENSA 회원=

---

17) 일본대학입시 AO전형 : 학력시험 점수로 합격 여부가 결정되는 일반 입시와는 달리, 지망 이유서와 면접만으로 수험이 가능하며 개성이나 학구열을 어필하여 합격할 수 있다.
18) '숀 K'라는 이름으로 활동했던 코멘터(본명 가와카미 신이치로)의 경력 사칭 사건.

천재〉라는 이미지를 가진 사람이 적지 않다.

하지만 그저 50명에 한 명꼴의 지능을 천재라고 하는 것은 좀 지나친 게 아닐까? 사실 시험의 내용도 사전에 연습하면 들어갈 수 있을 정도의 수준이다. 'MENSA에 소속되어 있으면 머리가 좋다고 여겨진다'는 것을 아는, 달리 잘난 것은 없는데 잘난 척하고 싶은 사람이 들어오는 곳 같아서 나는 탈퇴하고 말았다.

실제로 들어가는 것이 어렵지도 않은데, 소속해 있었다는 것만으로 똑똑해 보이거나 뭔가 대단한 실적이 있는 것처럼 보이는 학교나 단체가 적지 않다. 돈을 내면 누구라도 들어갈 수 있는 학회도 있다. 어떤 저명인처럼 경력에는 유명 기업에 '근무'했었다고 쓰지만, 실제로는 단순한 인턴이나 아르바이트와 다름없는 형태였을 수도 있다.

마마계급의 보스, 블랙기업의 경영자

자신이 착취 가능한 집단을 만들어서 군림하는 사람은 멀리 있지 않다. 예를 들면, 엄마 집단을 모아 서열을 만든 다음 서로를 의심하게 만들어 계급의 정점에 앉는, 보스 기질을 가진 여성이 있다.

그녀들은 새로 들어온 여성에게 '좋은 협력자'를 연기하며, 힘이 되어주겠다는 태도로 다가선다. 상대의 정보를 수집한 다음, 다른 멤버를 모아 그 자리에 없는 사람의 뒷담화에 참가시킨다. 멤버를 바꾸어가며 같은 행위를 반복하고 "저이가 당신에 대해서 이렇게 말하지 뭐야."라고 속삭이거나, 공공연하게 규탄함으로써 공포와 불안을 부채질하여 커뮤니티를 자신에게 유리하도록 컨트롤해 간다.

이른바 '블랙 기업'의 경영자나 간부도 마찬가지다.

블랙 기업이라고 처음부터 '어두운' 것은 아니다. 오히려 처음에는 입사 희망자를 따뜻하게 받아들이고 응원하는 태도를 보이는 경우가 많다. 자신을 인정해 주는 장소라고 착각하게 만들어 희망자를 입사시키는 것이다.

그러나 일단 입사하게 되면 점차 그 태도가 변한다. "자네에게 기대를 했었는데, 왜 이 정도밖에 안 되는 거지? 더 열심히 하란 말이야.", "저 친구가 자네를 이렇게 말하던데, 억울하지 않나?" 같은 말로 흔들면서 불안감과 과잉 경쟁을 부채질한다. 때로는 격앙해서 공포를 심으며 "지금 이대로라면 전직도 못한다는 걸 아나?" 같은 말로 사원의 자존심을 상하게 하는 일도 서슴지 않는다.

그렇게 퇴로를 막고, 최소한의 당근과 다량의 채찍으로 장시간 노동과 과도한 할당량을 안기고, 절대 복종을 강요하며 저항할 수 없도록 만들어가는 것이다.

권위주의적인 계층 조직으로 신자들의 상호 감시와 경쟁심을 자극하는 신흥종교 단체도 있다. 혹은 대학교의 연구실처럼 패쇄적인 환경에서도 비슷한 케이스를 볼 수 있다.

로버트 헤어가 지적했듯이 "사이코패스는 간호나 복지, 카운슬링 등 사람을 도와주는 직업에 종사하고 있는, 감정이 섬세한 사람의 양심을 자극하여 먹이로 삼는다." 곤란해 하는 사람에게 손 내밀기 좋아하는 헌신적인 인간은, 사이코패스가 파고들기 쉽고 이용하기 쉬운 대상이라는 말이다.

자기희생을 미덕으로 생각하는 사람일수록 사이코패스의 눈에 찍히기 쉬운 것이다.

악플 블로거

캐나다의 매니토바 대학교 연구팀은, 1,215명을 대상으로 실시한 조사를 통해 "사이코패스는 인터넷 상에서 '거친' 행위를 자주하는 경향이 있다."고 밝혔다.

또한 벨기에의 앤트워프 대학교 연구팀은, 14~18세의 청소년 324명을 대상으로 조사한 결과, "사이코패스는 페이스북 상에서 타인을 공격하고 나쁜 소문을 흘리며, 다른 이로 위장하여 부끄러운 사진을 올리고, 왕따시키는 경향이 있다."는 사실을 알게 되었다.

사이코패스는 남에게 비판당해도 아픔을 느끼지 않기 때문에 본인은 전혀 죄악감 없이 문제적 발언이나 도발적인 언동이 가능하다. 대상의 아픔과 상관없이 악플을 서슴지 않아, 고정 팬을 확보하고 있는 블로거 중에는 사이코패스가 섞여 있을 확률이 높다. 그들

176

은 사람들을 선동하여 분노의 파도를 즐기고, 자신의 악행을 드러 냄으로써 쾌감을 얻는다.

또한 찬부에 상관없이 일단 화젯거리가 되어 클릭 수를 늘리는 데만 관심을 둔다. 클릭 수가 수입으로 직결되기 때문이다. 더구나 아무리 호되게 굴어도 일단 잡히거나 죽임을 당할 위험은 없으니 까, 자극 넘치는 생활을 원하는 사이코패스에게는 더할 나위 없는 장사라고 할 수 있다.

두 말할 필요도 없이, 이러한 인물의 발언은 진심으로 받아들이 면 안 된다. 그들의 뇌는 장기적인 비전을 가지지 못하므로 발언에 책임질 수도 없고, 책임질 생각도 없어서 믿는 만큼 어이없는 꼴을 당한다. 잠시 관찰해 보면 알겠지만, 배신에 기가 막혀 예전의 팬이 떨어져 나갈 때쯤 아무것도 모르는 사람이 다시 팬이 되고 속아서 다시 떨어져 나가고… 이런 생활의 반복이다.

놀라운 것은, 허물이 완전히 벗겨졌음에도 불구하고 광신도처럼 쭉 붙어 있는 사람도 적지 않다는 점이다. 이 또한 사이코패스이기 에 가능한 일인지도 모르겠다.

오덕서클의 공주 & 서클 크러셔

사이코패스는 대부분 남성으로, 압도적으로 여성의 비율이 낮은 것으로 알려져 있다. 하지만 아주 적긴 해도 우리들의 일상생활 속에 사이코패스라고 의심되는 케이스는 있다.

젊은이들 사이에 〈오덕서클의 공주〉 혹은 〈서클 크러셔〉라고 불리는 사람이 있다. 오덕서클이란 만화연구회나 애니메이션동호회 같은 오타쿠 계통의 서클을 의미한다. 이러한 서클에는 내성적이고 여자와의 대화가 서툰 남자들이 모이기 마련이다. 그런데 간혹 모솔남(모태 솔로 남성)이 좋아할 만한, 언뜻 청초하고 순수해 보이는 여자가 들어오면 남녀 비율이 극단적이기 때문에 자연스럽게 인기가 많아진다. 그녀가 바로 〈오덕서클의 공주〉이다.

〈서클 크러셔〉란 서클 안에서 복수의 남자와 성적 혹은 정신적 의존관계를 맺음으로써 트러블을 일으키고, 결과적으로는 집단을 붕괴시키는 여자를 말한다.

〈오덕서클의 공주=서클 크러셔〉인 것은 아니지만, 양쪽 모두 여자에게 익숙지 않은 남자들의 환심을 사서 마음대로 농락한다는 의미에서는 꼭 닮았다('오덕서클의 공주' 전략이 실패하면 '서클 크러셔' 취급을 당할 수 있다).

서클뿐 아니라, 남성이 많고 여성이 적은 이공계의 연구실 등에도 이런 여성이 섞여 있는 경우가 많다.

그녀들은 청초함을 가장하며(혹은 진심으로 본인이 청초하다고 착각하고) 복수의 남자에게 일부러 맘이 있는 척 마음을 떠본다. 혹은 실제로 난잡한 성적 관계를 넓혀 간다. 이를 들켜서 문제화되면 교묘한 말로 피해자를 가장하며 "사실은 ○○이를 좋아하지만 △△이가 자꾸만 들이대는 바람에…" 같은 말로 남자 쪽에 책임을 전가하거나 상호 불신을 부채질해서 서클의 인간관계 자체를 파괴해 버리는 것이다.

오덕서클의 공주나 서클 크러셔의 대부분은 허세를 부리는 것이 아니라, 오히려 약자를 연출함으로써 포획물을 낚는다. '수동적이고 의존심이 강한, 여린 여자'라는 캐릭터를 연기함으로써 남자를 끌어당긴다는 말이다.

금전이나 물품, 갖가지 편리한 이익을 얻기 위한 경우도 있지만, 이성이 속아서 자신이 원하는 대로 움직이는 것 자체를 즐기는 케이스도 있다. 그녀들의 방법은 일종의 사기꾼 수법과 닮았다.

결혼 사기나 일부 보이스피싱[19] 사기는 자신이 금전적으로 궁핍하다는 것을 어필하여 도와달라며 돈을 뜯어낸다. 다만 범죄로 느끼지 않을 만큼 부드럽게 진행할 뿐이다. 자신의 결점을 보이는 것이니까 '분명 진실을 말하고 있을 거야'라고 상대방이 생각하게 만드는 것이다. 일견 약자처럼 행동하지만, 하는 짓은 사기꾼이나 악질 제비와 다르지 않다.

---

19) 〈나야 나〉 사기 : 전화나 문자 메시지 등에서 지인 · 친척인 척하며 급전이 필요하다는 말로 입금하도록 지시하는 사기 행위.

이는 남성 사이코패스가 행하는 살인이나 철저한 착취와는 또 다른, '나만 살아남으면 돼'라는 여성 사이코패스 특유의 행동이라고 할 수 있다.

사이코패스 VS 인격장애

여성 사이코패스는 '약한 여자', '눈물 흘리는 여자'를 공격하지 않는다는 사회적 통념을 이용하여, 비판하는 인간이 마치 극악무도한 것처럼 보이는 앵글 연출력이 뛰어나다.

사이코패스의 선구적 연구로 알려져 있는 정신과의 하비 클렉크레이에 의하면, "사이코패스가 자살할 정도로 절망에 빠지는 일은 거의 없지만, '자살할 거야!' 같은 말로 협박하며 교묘하게 연출하는 일은 있다."고 한다. 다른 조사를 통해서도 사이코패스가 자기 자신을 공격하는(또는 '자해하는 버릇이 있다'거나 '자살미수 경험이 있다'고 신고한) 일은 있어도, 그로 인해 죽음에 이른 적은 극히 드물다는 것을 알게 되었다.

"당신이 도와주지 않으면 이제 죽을 수밖에 없어."라고 과장해서 말하거나 손목을 그어 보이는 행동을 하는 여성은 경계할 필요가 있다.

로버트 헤어와 폴 바비악은 여성 사이코패스가 적은 이유에 대해 "정신과의는 '자기중심적이고 이기적이며, 무책임하고 사람을 속이는' 특징이 보이는 남성에게는 〈사이코패스〉라고 진단하지만, 같은 증상이라도 여성은 〈연극성 인격장애〉 혹은 〈자기성애 인격장애〉, 〈경계성 인격장애〉 등 다른 진단을 내리기 때문이 아닐까?"라고 추측하고 있다.

또한 "사이코패스는 터프하고 지배적이고 공격적인데, 여성은 그러한 존재가 아니라는 선입관이 여성 사이코패스를 간과하고 있다."라고도 지적하면서 "남성과 여성이 폭력을 휘두르는 장소, 본성을 보이는 장소가 다른 것에도 원인이 있다."고 덧붙였다.

2003년에 버지니아 대학교의 심리학 교수 J. 모나한, P. 로빈스, E. 실버가 발표한 논문에 의하면, 여성이든 남성이든 정신과 환자가 시설에 수용된 후에 보이는 폭력의 비율은 비슷하다고 한다. 다만 남성에 비해 여성은 가정에서 가족에게 폭력을 휘두르고, 입히는 상처도 가벼워서 체포되는 일도 적었다.

1996년의 미국 국립위생연구소의 연구자 라이스 골드스타인은 연구 조사를 통해 "반사회성 인격장애의 여성은 같은 장애를 가진 남성보다 부모로서 무책임하며, 매매춘을 하고, 섹스 파트너와 아이에게 폭력을 휘두른 적이 있다."는 사실을 알게 되었다.

아마도 사이코패스 여성은 남성보다 가족 혹은 연인 등 사적인 영역에서 위해를 가하는 일이 많고, 그런 까닭에 발견하기 어려운 (고발당하기 어려운) 것일 게다.

속마음은 남성 사이코패스와 다르지 않지만 겉으로는 반성하는 모습을 보이고, 자신이 저지른 일에 대해 개선의 의지를 보이는 등 남성보다 교묘한 탓에 여성 사이코패스가 두드러지지 않을 가능성도 있다.

1997년에 앨라배마 대학교의 심리학자 세일킨이 여성범죄자를 대상으로 실시한 조사에서는, 사이코패스 여성은 자기신고에 대한 치료를 거부하는 빈도가 남성보다도 낮았다고 한다. 물론 실제로 치료에 순종적이지는 않았다.

"여성 사이코패스 역시 치료를 따르지 않거나 출석률이 낮았다." 는 사실이 2003년의 워싱턴 대학교 H. J. 리처드 팀의 논문에 기재되어 있다. 처음부터 반항적인 태도를 취하는 것이 아니라, 표면적으로는 미봉책으로 긍정적인 자세를 보이면서 실제로는 자신의 원하는 대로 행동하는 것이다. 이런 행동을 보면, 남을 속이는 면에서는 남성 사이코패스보다 여성 쪽이 뛰어날지도 모르겠다.

사이코패스와 추종자의 상보관계

사이코패스 자체만이 아니라, 사이코패스의 먹잇감이 되는 이도 꽤나 흥미로운 존재이다. 사이코패스의 거짓말이나 분방한 성적 관계가 철저히 폭로된 뒤에도, 사이코패스를 계속 믿으며 지지하는 사람이 적지 않다.

자신이 속았다는 것을 알게 되고 희생자의 존재가 밝혀져도 계속 추종자로 남는다니, 불가사의한 일이 아닌가?

실제로 인간의 뇌는 '믿는 편이 기분이 좋다'고 한다. 이 또한 집단을 형성·유지하는 기능의 하나라고 할 수 있을 것이다.

인간의 뇌는 스스로 판단하는 것을 부담스러워하며 고통으로 느낀다. 이런 특징을 '인지부하'라고 부른다.

'인지적 불협화'라는 현상도 있다. 사람은 자신 속에 모순되는 인지를 동시에 품어 불쾌감(갈등)을 느끼면, 그 모순을 해결하기 위해 자기 편한 대로 이유를 만들어낸다고 한다. 간단히 말하면, 일단 '이것은 옳다'고 믿었던 부분에 이후 '틀렸다'는 증거를 들이밀었을 경우, 인간의 뇌는 '변명'을 생각해 내어 어떻게든 틀렸다는 것을 인정하지 않고 넘기려 든다는 것이다.

무언가를 믿으면, 스스로 의사결정을 하지 않고 그 믿음을 따르는 편이 뇌에 부담도 주지 않고 편한 것이다. 예를 들면, 종교를 믿는 사람이 믿지 않은 사람보다 행복도가 높다는 것은 이미 증명된 바다. 비록 별 볼 일 없는 종교라고 할지라도, 믿는 편이 행복하다는 인간 본질 자체는 변하지 않는다.

"믿지 마!", "눈을 떠!"라고 타이르는 것이, 정말 그 사람에게 좋은 일인지 어떤지는 고민스러운 문제이다. 인간의 일생은 무한히 계속되는 것이 아니다. 그렇게 유한의 시간을 사는데, 믿음에 돈과 시간을 투자한 과거의 자신을 부정하라는 것은 너무 잔혹하지 않을까? 만약 믿음을 가진 편이 행복하다면, 과연 꼭 진실을 밝힐 필요가 있는 걸까? 정말 어려운 문제이다.

사이코패스는 '믿고 싶다'는 인간의 인지의 취약점에 교묘하게 파고들어 생존전력을 취하는 존재라고도 할 수 있다.

인터넷이 보급되어 누구라도 강력한 검색 수단을 가졌으니, 일반적으로 생각하면 거짓말쟁이에게 속을 확률은 그만큼 줄어든 셈이다.

하지만 인터넷 사회에서는 다른 측면도 있다. 인터넷은 강력한 폭로 장치이기도 하지만, 동시에 같은 부류의 인간을 즉석에서 결속시키는 도구로도 작용하기 때문이다.

말도 안 되는 이유를 가진 어떤 집단, 속은 것을 인정하고 싶지 않은 추종자 집단이라도 인터넷을 통하면 바로 연결될 수 있어서 쉽게 집단화된다. 그렇게 모인 집단 내에서는 서로의 존재를 확인하는 것만으로 안심감을 얻고, 집단 밖에서의 소리를 무시할 수 있기 때문에 더욱 견고한 추종자가 되는 셈이다.

사이코패스가 지도자로서 추종자들에게 "나는 피해자일 뿐, 일부에서 나를 폄하하려고 그런 것"이라는 음모론을 주장하면, 일정 수는 계속해서 '믿는' 환경이 만들어진다.

일단 추종자들을 착취할 수 있는 종교적인 구조나 팬 커뮤니티를 만들고 나면, 외부에서 무엇이라고 하든 완전히 붕괴되는 일은 거의 없다.

노인이 〈첩살이〉 여자에게 넘어가는 이유

'믿음'에 대한 의지는 연령도 한몫한다. 인간의 뇌는 나이를 먹을수록 사람을 의심하기 어려워지는 경향이 있다.

도파민의 분비량은 중년이 되면서 줄어든다고 알려져 있다. 중년 이후에는 도파민의 분비량이 줄어 차분해지는 플러스 면도 있는 반면, 전두엽을 사용함으로써 얻어지는 쾌락이나 스스로 의사를 결정하는 기쁨을 얻기 힘들어지는 마이너스 면도 생긴다.

타인을 의심하는 것은 인지부하, 즉 뇌에 가해지는 부담이 높은 행위이다. 뇌의 대부분을 동시에 활성화시켜야 하기 때문에 피곤하다. 도파민의 분비가 줄면 '노동은 많고 이익은 적은' 상태가 되기 때문에, 뇌는 적극적으로 피곤한 행위를 하기 꺼린다. 즉 귀찮은 일을 하기보다는 '힘 앞에는 굴복하는' 태도를 보인다는 말이다.

사이코패스 여성은 노인네를 노리는 경우가 많아서, 어느 정도 연령 이상의 남성을 타깃으로 한다. 전형적인 것이 '첩살이'이다. 자산가의 고령 남성을 홀려서 살리지도 죽이지도 않고 착취하고, 최종적으로는 유산을 통째로 포식하는 것이다.

원래 여성은 자신에게 다가오는 남성을 경계하지만, 자신에게 다가서는 여성을 경계하는 남성은 거의 없다. 이는 성행위로 얻어지는 귀결이 다르기 때문이다. 만약의 경우 남성은 도망치면 그만이다. 하지만 여성은 임신과 출산이라는 큰일을 짊어지게 되기 때문에, 깊은 관계가 된 다음에는 도망치기 어려워지는 것이다. 그 비대칭성 탓에 남성은 낙관적이 되어버린다. 그리하여 사이코패스 여성이 '첩살이'를 기획하는 경우, 남성은 간단히 속아 넘어가는 것이다.

사이코패스와 연애할 수 있을까?

'오덕서클의 공주', '첩살이' 등 사이코패스 여성은 여러 모습을 보이는데, 과연 사이코패스는 애초에 연애 가능한 존재인 걸까?

물론 사이코패스에게도 연애 감정이나 성적인 쾌감, 욕구는 있다. 편도체의 기능이 낮은 것으로도 알 수 있듯이 오히려 성욕 그 자체는 강하다. 또한 1장에서도 소개했던 것처럼 '고독'이라는 고민도 안고 있다. 그러나 가족, 파트너로서 누군가와 장기적인 신뢰관계를 구축하는 것은 어려울 것이다.

텍사스 대학교와 텍사스 공과대학교가 18~74세의 884명을 대상으로 남녀 사이코패시 척도와 부정행위의 상관관계를 조사한 바에 따르면, 사이코패시 성향이 높은 사람은 불륜으로 치닫는 경향이 높다고 한다. 또한 사이코패스는 단기적인 이해관계를 중시하기 때문에 연애관계가 파국을 맞기 쉽다고 한다. 결과적으로 '하룻밤 불륜'으로 끝나는 경향이 높다는 말이다.

웨스턴 시드니 대학교의 피터 조나단은, 2003년에 발표한 연구 논문에서 "사이코패스가 아닌 사람은 사이코패시 성향이 높은 사람을 보았을 때 '하룻밤 상대'로는 매력적이라고 생각하지만 '장기적인 관계를 맺는 상대'로는 끌리지 않는다."고 밝혔다.

이에 반해 사이코패스 여성은 사이코패스 남성을 단기적인 파트너로서도, 장기적인 파트너로서도 좋아한다고 한다. 사이코패스 남성은 단기적인 상대는 누구라도 좋지만, 장기적인 파트너로서는 사이코패스 여성을 좋아한다고 한다.

이 결과를 통해 "사이코패스는 자극적인 상대가 아니면 만족할 수 없기 때문"이라는 추측이 제시되고 있다. 즉 사이코패스는 사이코패스끼리 서로 끌리고 사랑한다는 것이다. 단, 서로 바람피울 가능성도 그만큼 높아진다.

그렇다면 만약 연인이 바람을 피웠을 때 사이코패스는 어떻게 할까?

2014년 캘거리 대학교의 라스무센 팀은 '연인이 부정을 저질렀다'는 시나리오를 제시했을 때 보인 사이코패스의 반응을 연구한 논문을 발표했는데, 사이코패스는 '복수로 그 부정을 그만두게 할 수 있다'고 생각하는 경향이 높았다.

이는 1장에서 소개한 바 있는 〈최후통첩 게임〉의 결과(1만 엔을 둘이서 나누었을 때 분배비율이 불공평해도 사이코패스는 1엔이라도 받는 편이 제로보다는 낫다고 판단한다)와 모순되는 것처럼 보인다.

이에 대해 로버트 헤어는 "사이코패스가 배우자나 아이와의 결속력을 유지하고자 하는 것은, 가전이나 자동차와 마찬가지로 가정을 자신의 '소유물'로 생각하기 때문"이라고 말한다. 그저 잃은 것에 대해 화가 나고 '내 것'을 빼앗겼으니 복수를 해서 되돌려 받겠다는 뜻일 뿐, 슬퍼하거나 책임을 느끼는 것은 아니라는 말이다.

냉정하게 생각하면 복수는 리스크가 높은 행위이다. 복수한 상대방에게 다시 복수당할 수도 있고, 폭력을 휘두르거나 비방함으로써 법적(사회적)인 제재를 받을 가능성도 있다.

그러나 사이코패스는 '복수의 복수', 자신의 공격으로 인하여 발생하는 마찰에 대해서는 가벼이 여긴다. 바람 상대를 벌하려는 경향이 강해서 복수하려고만 든다. 자신은 바람을 피워도 상대의 바람은 인정할 수 없다는 말이다.

캐나다의 웨스턴온타리오 대학교의 연구팀이 2014년에 발표한 연구논문에 의하면, 사이코패스는 파트너의 바람 상대를 말로 폄하하는 일도 많다고 한다.

지금까지의 내용을 읽고 '이거 내 이야기 같은데?' 혹은 '완전 그 사람 얘기네!' 하며 짚이는 사람이 있을지도 모르겠다.

그렇다면 만약 '내가 사이코패스라면' 혹은 '내 가족이나 친한 지인이 사이코패스라면' 어떻게 해야 할까?

마지막 장에서는 이 부분에 대하여 생각해 보고자 한다.

6장

당신도 사이코패스?

사이코패스의 자기 진단은 가능할까?

'나는 사이코패스인가?', '내 가족이 사이코패스일지도?' 같은 생각이 들면 어떻게 해야 할까?

사이코패스 판정은 전문가(정신과의, 심리학자)의 객관적인 지표에 의해 행해진다. 어떤 인물이 사이코패스인지 아닌지를 일반인이 진단하거나 셀프 체크하는 것은 기본적으로 불가능하다.

단, 사이코패스일 가능성을 추측하는 정도라면 참고가 될 만한 자료가 얼마든지 있다.

로버트 헤어에 의한 PCL-R(The Psychopathy Checklist-Revised), 미국 정신의학회가 작성한 『정신장애 진단 및 통계편람(DSM5)』에 따른 반사회성 인격장애의 진단 기준, 심리학자 케빈 더튼의 체크리스트 등이 그것이다.

PCL-R의 진단법

PCL-R의 체크리스트에는 다음과 같은 항목이 나열되어 있다.

대인관계 면에 관한 항목	☐ 달변가 / 표면적인 매력 ☐ 과대한 자기가치관 ☐ 병적인 허언 ☐ 속이는 경향 / 조작적(사람을 조종함)
감정 면에 관한 항목	☐ 양심의 가책 · 죄책감의 결여 ☐ 얄팍한 감정 ☐ 냉담함 / 공감 능력이 결여 ☐ 자신의 행동에 대한 책임을 지지 않음
생활양식 면에 관한 항목	☐ 자극을 추구함 / 쉽게 지루해 함 ☐ 기생적인 생활양식 ☐ 현실적 · 장기적인 목표의 결여 ☐ 충동적 ☐ 무책임 ☐ 방일한 성행동
반사회적인 면에 관한 항목	☐ 행동이 컨트롤되지 않음 ☐ 유소년기의 문제행동 ☐ 소년비행 ☐ 가석방의 취소 ☐ 다양한 범죄력 ☐ 다수의 혼인관계

각각의 항목에 적합한 빈도에 맞춰 0~2점으로 평가한다.

성인이라면 합계 30점을 넘으면 사이코패스로, 20점 미만이라면 사이코패스가 아니라고 간주한다. 아이의 사이코패시 성향에 대한 기준은 확립되어 있지 않지만, 27점을 컷오프 기준[20]으로 본다.

확실히 사이코패스라고 일컬어지는 범죄자는 모든 분야에서 높은 점수를 내고, 일반인은 어떤 분야에서든 점수가 낮다.

단, 체크 항목을 보면 알 수 있듯이 헤어의 진단 기준은 사이코패스가 범죄자인 것을 전제로 한다. 이 부분이 비판의 대상이 되기도 했다.

원래 헤어는 사이코패스의 특성을 4가지 분야(대인관계, 감정, 생활 양식, 반사회성)로 나누고, 4가지 모두에서 점수가 높지 않은 타입의 사이코패스도 존재한다는 사실을 발견했다.

헤어는 사이코패스를 '표준', '조종', '남성적'의 3종류로 나누고 있다.

모든 타입에 공통되는 것은 감정 면에서의 특징(감정이 피폐, 공감 능력이 없음, 죄악감과 양심의 가책이 결여)이지만, 그 이외에서는 타입별로 차이가 있었다.

'표준' 타입은, 모든 인자에서의 점수가 전부 높은 사이코패스이다.

---

20) 컷오프(cutoff) 기준 : 검사의 양성 · 음성을 나누는 기준.

'조종' 타입은, 대인관계와 감정 면은 점수가 높지만, 생활양식과 반사회적 면의 점수는 낮다. 충동성이 낮고, 딱히 반사회적으로 보이지 않는다. 이는 앞서 얘기했던 〈승리그룹 사이코패스〉 혹은 〈성공한 사이코패스〉라고 불리는 사람들이다.

예를 들어, 미연방수사국(FBI)의 조사관 같은 인물은 공감 능력은 없으나 범죄력도 없는, 준사이코패스(승리그룹 사이코패스가 될 수 있는 존재)라고 본다. 그들은 야심이 넘치고 우월감과 특권의식은 넘치지만, 얻을 것이 없는 인간에게는 예의가 없고 차가우며 인간다운 감정은 결여되어 있다. 외관은 카멜레온과 같이 자유로이 변환 가능하고, 목표한 인간에게 다가가 관계를 만들 수도 있으며, 이용이나 배반도 태연히 일삼는다.

'남성적' 타입은, 감정 면과 생활양식, 반사회성의 점수는 높지만, 대인관계의 점수는 낮다. 이 타입은 공격적이고, 약한 인간을 괴롭히며, 주위에 불쾌감을 주는 경향이 있다. 다른 타입만큼 표면적인 매력은 없고, 딱히 타인을 조종하려고 하지 않는다. 아니, 솔직히 말하면 조종할 능력이 없다.

말보다는 행동이 앞서는 타입이다. 위압적인 태도, 짓궂은 행동, 공포로 지배하려고 하며, 잘못된 일은 모두 남을 탓한다. 본인도 규칙이나 매너를 지키지 않으면서 타인을 깐족깐족 비난한다. 이런 인간들은 일치감치 출세 레이스에서는 탈락하여 별 볼 일 없는 부서의 관리직으로 자리를 보존하며 부하에게 위엄만 내세우는 경우가 많다. 성질이 급해서 쉽게 열을 내며, 바로 분노를 표출하지만 또 언제 그랬냐는 듯 아무 일 없었던 것처럼 행동한다.

자, 여러분의 머리에 떠오르는 사람이 있는가?

헤어의 체크리스트는, 범죄의 가능성이나 저지른 범죄의 경중을 판단하는 데 훌륭한 예측 인자가 되어준다. 그러나 거듭 말하지만, 누구든 쉽게 자기 판정을 할 수 있는 것은 아니다. 특히(그중에서도) 사이코패스가 자기 진단을 하면 잘못된 판정이 나온다는 지적이 있다.

사실 PCL-R의 경우, 회답자 한 사람 한 사람에게 반드시 실시하는 '필수 질문 항목' 같은 것이 없다. 다시 말해서, 검사하는 사람(정신과의)에 따라 피험자에게 각기 다른 질문을 할 수 있다는 말이다. 게다가 간혹 각 항목의 채점에 대한 기록이 없어 그 점에 관한 비판도 일고 있다.

또한 PCL-R은 사이코패스의 특징이라고 일컬어지는 〈불안의 결여〉는 일체 언급하지 않는다. 위스콘신 대학교의 심리학 교수 조셉 뉴먼은 "PCL-R에서는 불안의 결여를 측정할 수 없다."고 지적하고 있다.

DSM5의 진단 기준

　　DSM5에는 사이코패스에 대한 기록이 없다. 정신의학에서는 〈사이코패스〉라는 카테고리가 아니라 〈반사회성 인격장애〉라는 진단명으로 구별하기 때문이다. 반사회성 인격장애를 사이코패스에 준하는 것으로 생각하면 좋을 것이다. 진단 기준은 다음과 같다.

A.15세 이후 발생, 다음 중 3개 이상의 항목에서 타인의 권리를 무시하고 침해하는 것으로 나타난다.

① 위법으로 사회적 규범에 적합하지 않는 행동 : 체포당하는 행위를 반복함

② 허위성 : 거짓말을 함, 속임

③ 충동성 : 충동적, 무계획

④ 초조함과 공격성 : 싸움, 폭력

⑤ 무모함 : 본인 혹은 타인의 안전을 생각하지 않는 무모함

⑥ 무책임 : 일을 지속하지 않음, 경제적인 의무를 다하지 않음

⑦ 양심의 가책 결여 : 타인을 상처 입히는 행위, 짓궂은 행동,
　　　　　　　　　훔치는 행위에 무관심 · 정당화

B. 최소한 18세 이상

C. 15세 이전에 발병한 **품행장애**(연령에 어울리지 않은 반사회적인 행동을 취함, 타인의 기본적인 인권을 무시 · 침해하는 장애)**의 증거가 있다.**

D. 조현병이나 양극성장애(조증상태나 울증상태, 두 가지 현상이 나타나는 정신질환)로 인하여 반사회적인 행위를 하는 것이 아니다.

〈반사회성 인격장애〉의 진위를 판단하기 위해서는 A만이 아니라 C의 15세 이전의 품행장애'를 확인해야 하는데, 이는 정신과의나 법의학자가 아니고는 정확한 진단을 내릴 수 없다.

케빈 더튼의 셀프 체크리스트

더튼은 좀 더 캐주얼한 체크리스트를 제안하고 있다. 승리그룹 사이코패스를 발견하기 위한 방안이라고 생각해도 좋다.

다음의 표를 살펴보자.

① 사전에 계획하는 일 없이 대부분 되는 대로 행동하는 타입이다.
② 들키지 않는다면 파트너 이외의 사람과 바람을 피워도 상관없다.
③ 선약보다 신나는 예정이 생긴다면 이전 약속은 취소해도 상관없다.
④ 동물이 상처를 입거나 아파해도 아무렇지도 않다.
⑤ 과속운전, 제트코스터, 스카이다이빙에 흥미를 느낀다.
⑥ 원하는 것을 손에 넣기 위해서는 타인을 도구로 이용할 수도 있다.
⑦ 설득을 잘한다. 내가 원하는 일을 남에게 시키는 재능이 있다.
⑧ 결단력이 빠르고, 위험한 일을 겁내지 않는다.
⑨ 남들은 압박감을 느껴 옴짝달싹 못할 때도 홀로 평정심을 유지할 수 있다.
⑩ 만약 내가 누군가를 성공적으로 속인다면, 그것은 속는 쪽에 문제가 있다.
⑪ 모든 일이 잘못된 방향으로 갈 경우, 대부분은 내가 아니라 남의 탓이다.

전혀 그렇지 않다 · 0   그렇지 않다 · 1   조금 그렇다 · 2   그렇다 · 3

이상의 질문에 0~3점으로 집계한다.

18~22점이면 평균, 29~33점이면 '사이코패스가 의심된다'고 일컬어진다.

또 다른 셀프 체크로는, 통계적인 문제를 통과한 Levenson Self-Report Psychopathy Scale(LSRP)도 있다. 상세한 사항은 웹사이트 http://personality-testing.info/를 참고하기 바란다.

사이코패스는 치료할 수 있을까?

만약 본인이 사이코패스가 의심되어(혹은 의사에게 진단받아서) 치료하고 싶을 경우에는 어떻게 해야 할까? 아니, 애초에 사이코패스는 치료할 수 있는 걸까?

1960년대 캐나다의 정신과의인 엘리엇 버거(〈어린이 학대방지협회〉의 창설자)는 "사이코패스는 표층의 정상 밑에 광기를 안고 있다. 그 광기를 표면으로 끄집어내는 것이 치료에 도움이 된다."고 생각했다. 그래서 〈토털 인카운터 캡슐〉이라고 칭한 작은 방에 사이코패스들을 모아놓고 전라로 만든 다음 대량의 LSD를 투여하고, 서로에게 마음을 털어놓아 결속을 확인하고 눈물을 흘리게 하는 '치료 프로그램'을 실시하였다.

그러나 이 치료 프로그램에 참가한 사이코패스들은 오히려 재범률이 높아졌다. 그들이 치료 프로그램을 통해 배운 것은 '어느 정도 공감한 척 연기해야 남을 효과적으로 속일 수 있는지'였기 때문이다. 사이코패스에 대한 치료 프로그램은 대부분이 이처럼 참담한 결과로 끝이 났다.

1970년대에는 〈사이코패스에게는 정말 어떤 치료도 효과가 없는 걸까?〉라는 논쟁이 불거졌다.

미국의 범죄학자인 로버트 마틴슨은 지금까지 실시되었던 200종류 이상의 범죄자 치료에 관한 논문을 리뷰하고, "사이코패스에게는 어떤 치료도 효과가 없다."는 결론을 냈다.

마틴슨의 보고 이후, 미국의 형사사법은 엄벌주의로 기운다. 그러나 엄벌주의도 범죄를 억제시키는 데는 크게 도움이 되지 못했다.

어느 정도의 시간이 흐른 다음에야 마틴슨의 논문에도 문제가 있었음이 밝혀졌다. 사실 인지행동요법만으로 한정시키면, 절반 정도의 케이스에서 재범을 억제시키는 효과를 거두었던 것이다.

심리요법은 크게 3종류로 나뉜다. 정신분석적 심리요법, 인간학적 심리요법, 인지행동요법이 그것이다.

정신분석적 심리요법은 과학적 증거가 결여되어 있음을 앞서 논한 바 있다(112쪽).

인간학적 심리요법이란, 인간성 심리학(자기실현 등 긍정적 가치관을 주체로 하는 심리학)을 베이스로 하여, 미국이 임상심리학자 칼 로저스가 제창한 퍼슨 센터 드 세라피(내담자중심요법), 독일의 정신의학자 프리데릭 펄즈에 의한 게슈탈트[21] 요법 등이 있다.

일본에서는 오랜 시간 동안 정신분석과 인간학적 심리요법이 인기를 끌어왔다. 그러나 범죄 억제의 효과가 실증되어 있는 것은 인지행동요법뿐이다.

인지행동요법은, 사물을 받아들이는 방법이나 생각하는 법(인지)을 변화시켜, 그 귀결로써 인간의 행동을 변화시키는 심리요법이다.

다만 문제는, 인지행동요법을 포함한 심리요법은 환자의 마음속 감정을 전제로 한다. 즉 환자가 '무엇을 불안해 하고 괴로워하고 있는가?'를 출발점으로 한다. 하지만 사이코패스에게는 본래 '불안'이라는 감정이 없으니, 출발점 자체가 없는 것이다. 게다가 그들은 행동의 교정을 거부한다. 사이코패스는 재판소를 비롯하여 형기를 좌우하는 인간에게 환심을 사기 위해서만(개심을 위장하기 위하여) 치료 프로그램에 참여한다.

그룹 치료로는 사이코패스의 장점이 발휘될 가능성도 있다. 아는 척을 하며 주절주절 떠들어대는 사이코패스가 있으면, 스태프를

---

21) 게슈탈트(Gestalt) : 형태 심리학(Gestalt psychology)에서 유래했다. 형태주의는 부분 혹은 요소의 의미가 고정되어 있다고 보지 않고 부분들이 모여 이룬 전체에 따라 달라진다고 본다. 전체는 또한 부분에 의해 달라지므로, 형태주의는 전체와 부분의 전체성 혹은 통합성을 강조한다.

포함한 참가자 전원에게 나쁜 영향을 미친다. 사이코패스는 타인의 여린 부분을 꿰뚫어보고 조종하는 능력이 뛰어난데, 그룹 치료는 이런 그들의 능력을 갈고닦는 트레이닝의 기회밖에 되지 않는다. 이것이 사이코패스 치료가 곤란한 이유이다.

로버트 헤어와 스테판 C. 원(캐나다 교정국 정신의료센터 연구부장)의 공저인 『사이코패시 치료처우 프로그램을 위한 가이드라인』에 의하면, 다음과 같은 개입(치료)은 사이코패스에게 효과가 없다고 한다.

- ▶ 교육과 고용 이력에 문제가 없는 범죄자의 학력 혹은 직업 기술의 향상
- ▶ 폭력행위나 범죄성과의 관계가 없는, 불안이나 억울함의 치료
- ▶ 낮은 자기평가 같은 애매모호한 정신 치료

효과적인 프로그램이란

물론 공들여 계획한 후 실시된 교정 프로그램은 재범 리스트를 감소시킨다는 연구 결과도 있다. 대체 어떤 프로그램이 유용할까? 헤어와 원은 "범죄자 전반에 효과적이라고 알려져 있는 치료를 강화한 것"이라고 말한다. 보다 구체적으로 살펴보면 다음과 같다.

- ▶ 약물이나 알코올 활용을 방지하기 위한 조치

▶ 반사회적인 생각이나 가치관을 깨고, 타인을 도와주거나 타인에게 적극적인 태도를 보이는 행동(=향사회적행동)을 촉진하기 위하여, 모델이 되는 인물의 동작이나 행동을 관찰시키고, 지금까지의 부적절한 행동을 수정하여 문제행동의 개선, 장애 치료를 실시하는 기법 (=모델링)

▶ 치료 참가 촉구를 위한 동기부여 면접 등이 구성에 포함된 인지행동 프로그램

해어와 원은 "사이코패스의 치료 목적은 폭력 행위를 줄이는 것이지, 인격이나 표면상의 행동을 바꾸는 것이 아니다."라고 주장하면서 "사이코패스의 근본적인 윤리관이나 도덕관념을 바꾸려고 할 게 아니라, 폭력이나 파괴 행위와 직접 연결된 리스크 요인에 중점을 두고 개입(치료)할 필요가 있다."고 말한다.

구체적으로는 어떤 것일까?

예를 들면 '주위 사람들에게 악의를 느낀다'는 인지의 뒤틀림이 폭력을 증폭시키는 경우, 그 특정 인지의 뒤틀림을 개선해야 폭력을 일으키는 리스크를 줄일 수 있다는 말이다.

물론 이 방법도 모든 경우에 통용되지는 않는다. 하여 사이코패스에 대한 인지행동요법의 유효성을 의심하는 연구도 있다. 그래도 최근 몇몇 눈에 띄는 성과도 보고되어 있고, 새로운 시도 또한 끊임

없이 이어지고 있다.

이상심리학자인 스기우라 요시노리(히로시마 대학교 부교수)는 『타인에게 상처를 주어도 아무렇지도 않은 사람들』에서 위스콘신 대학교 매디슨 교정의 한 연구팀을 소개하고 있다. 초범 10~11세의 소년 141명을 두 집단으로 나누어, A집단은 집중적인 1대 1의 치료를 받게 하고 B집단은 일반적인 치료를 받게 하였다. 치료 이후 2년간의 추적조사 결과, 후자의 재범률은 전자의 배 이상이었다.

일반적인 소년원에 수감되었던 소년들이 석방 후 최초의 4년 동안에 16명을 죽인 것에 비하여, 집중치료를 받았던 소년들은 단 한 명도 죽이지 않았다.

사이코패스에게도 집중적인 케어를 실시하면 재범률은 낮출 수 있을지 모른다. 다만 이 연구팀 역시 "사이코패스를 일반인과 같은 인지 프로세스로 치료하는 것은 어려울 것"이라고 결론 내리고 있다.

어린이 사이코패스의 경우, 상대방의 따뜻한 대응이 중요하다고 한다. 사이코패스는 벌로 학습되지 않으므로 보통의 아이와는 다른 교육이 필요하다.

미국의 서던메소디스트 대학교의 맥도널드 팀이 2011년에 발표한 논문 중에 이를 뒷받침해 주는 연구가 있다. 사이코패시 성향이 높은 아이를 둔 모친에게 아이의 이야기에 칭찬 혹은 의연하게 혼내는 방법을 훈련시키고 실천하게 한 결과, 아이들이 규칙을 무시하는 경향이 줄었다고 한다.

에이드리언 레인의 색다른 실험도 흥미롭다. 레인은 사이코패스 그룹과 비사이코패스 그룹으로 나누어 간단한 학습과제로 성적을 비교하였다. 오답일 경우에는 벌로써 아픔을 동반하는 전기 쇼크를 주었다. '벌'로 인한 학습은 비사이코패스 그룹보다 사이코패스 그룹이 시간이 걸렸다고 한다.

그러나 정답일 경우 전기 쇼크를 회피할 수 있을 뿐만 아니라 '금전적인 보상도 준다'는 조건 하에 다시 실험한 경우, 이번에는 사이코패스 그룹이 학습이 빨랐다고 한다. 이 결과로 미루어 볼 때, 사이코패스에게는 '벌'이 아니라 '보상'으로 규칙을 학습시킬 수밖에 없는 듯하다.

뉴멕시코 대학교의 K. A. 킬은 미국 국립정신위생연구소(NIMH)와 미국 국립약물남용연구소(NIDA) 및 맥아더 재단에서 수백만 달러 규모의 자금을 제공받아 사이코패스 1천 명의 유전 정보, 뇌 화상 및 이력을 수집하여 검색 가능한 데이터베이스를 만드는 프로젝트를 시작하였다.

사이코패스에게 유용한 약물 치료를 찾는 것이 목적인 이 프로젝트가 언젠가는 성과를 거두길 기대해 본다.

사이코패스의 치료는 그리 간단한 문제가 아니다. 경우에 따라서는 '치료 후'가 재범률을 높이기도 하기 때문이다. 집 근처의 정신과를 다니는 수준으로는 쉽게 치료할 수 없다.

사이코패스에게 어울리는 생활 공간

이렇게 치료가 쉽지 않다면, 사이코패스는 어떻게 살아가야 할까?

앞서 말했던 것처럼 사이코패스의 거의 유일한 고민은 '고독감'이다. 주변인들과 잘 지내지 못하고, 숨을 쉬듯 거짓말을 하는 결과로 얻게 된 고독을 핑계 삼는 것이다.

개중에는 그런 고민 따위 없이 탁월한 프레젠테이션 능력과 커뮤니케이션 스킬로 출세하여 오히려 주변 사람들을 착취하며 즐겁게 살아가는 사람도 있을 것이다.

그러나 그런 스킬을 갖지 못한, 그저 거짓말쟁이 정도로 불리는 인간이라면 어떻게 범죄에 손을 담그지 않고 살아갈 수 있을까?

이문화권에서의 사이코패스를 연구한 심리학자 데이비드 쿡은 스코틀랜드 형무소를 출소한 사이코패스의 이동 기록을 조사하였는데, 그들 대부분이 인구가 많은 남부의 대도시권으로 이동했음을 알게 되었다. 쿡에 의하면, "사람이 많은 도심부가 도둑질이 용이하고 주변에 들키지 않고 습격할 수 있기 때문에, 충동적이고 자극적인 생활을 선호하는 사이코패스는 도시가 주는 쾌락에 빠져든다."고 한다.

만약 당신이 사이코패스이고 현재의 일상이 지루해서 자극에 목말라 있다면, 좀 더 혼잡하고 번화한 장소에서 바쁘고 스릴 있는 일을 선택하는 편이 좋을지 모른다. 물론 범죄의 유혹 또한 커지겠지만….

사이코패스의 특성에 맞는 일

사이코패스가 범죄에 물들지 않고 살아가기 위한 가장 현실적인 방법은, 사이코패스에게 맞는 일, 즉 사이코패스의 특성을 살릴 수 있는 직업을 찾는 것이라고 나는 생각한다.

그렇다면 사이코패스에게 맞는 직업이란 구체적으로 어떤 것일까?

사이코패스는 사람들이 기뻐하는 허구가 어떤 것인지 캐치하여 만들어내는 능력이 뛰어나다. 그런 의미에서 소설가가 어떨까 싶다. 금방 질려서 다른 곳으로 눈길을 돌리는 충동성은 극복해야겠지만, 단기적인 집중력은 있으니까 한 번에 써내려가는 능력은 있는 셈이다. 게다가 기본적으로는 개인 작업이기 때문에 타인과의 알력이 생기지 않는다는 점에서도 적합하다고 할 수 있다.

강한 자극에 목말라 하여 바람기가 있는 특징을 살린다면, 유행 사이클이 빠른 업계에 몸을 담그는 것이 좋다. 매료시키는 능력을 살리는 스타일리스트, 시류를 읽고 만나는 사람에 따라 다른 얼굴을 해야 하는 선거 플래너, 매스미디어의 세계도 어울린다.

일반인이라면 불안이나 아픔 같은 감정이 앞선 상황에서도 태연하고 냉정한 판단을 내릴 수 있는 재능은 외과의 같은 직업에 어울린다. 경찰이나 정보기관의 에이전트, 저널리스트 등 인간 심리의 어두운 면을 파고들어야 하고, 때로는 법의 그물망을 아슬아슬하게 피하여(혹은 명백하게 위법인 수단으로) 정보를 입수할 필요가 있는 일에도 적임자다.

사이코패스는 보수가 약속되어 있다면 그 성과를 목표로 어떤 위협에도 냉정함을 증폭시켜 행동할 수 있으므로, 증권 트레이더나 투자은행원 같은 일도 어울린다. 물론 사이코패스 특징 중 하나인 '리스크를 낮게 보는' 결점 탓에 거액의 손실을 볼 위험성도 있지만 말이다.

운동신경이 좋다면 불안감이 낮은 특기를 살려서 등산가나 모험가, 위험도가 높은 익스트림 스포츠(스노보드, 모토크로스 등) 혹은 격투기나 모터스포츠에 도전하는 것도 좋을 것이다.

케빈 더튼이 조사한, 사이코패스도가 높은(사이코패스가 많은) 직업 베스트 10과 사이코패스도가 낮은(사이코패스가 적은) 직업 베스트 10은 다음과 같다.

사이코패스가 많은 직업 TOP 10	순위	사이코패스가 적은 직업 TOP 10
기업의 최고 경영자	1위	변호사
변호사	2위	간호사
매스컴, 보도 관계(TV·라디오)	3위	물리치료사
세일즈	4위	기술자, 장인
외과의	5위	미용사, 스타일리스트
저널리스트	6위	자선활동가, 자원봉사자
경찰	7위	교사
성직자	8위	아티스트
셰프	9위	내과의
공무원	10위	회계사

100명 중에 한 명꼴이라는 것은, 반대로 생각하면 누구나 갖지 못한 귀중한 자질이다. 이 특징을 살려서 타인에게 위해는 가하지 않고 일할 수 있는 장소, 잘살 수 있는 방법이 반드시 있을 것이다.

사이코패스 연구의 과제와 어려운 점

뇌과학의 발전으로 사이코패스에 대해 알게 된 것이 많아졌다고는 해도, 아직 과제가 많이 남아 있다.

먼저 사이코패스는 사회성에 관한 병질이기 때문에 동물실험을 실시할 수 없다. 인간만큼 사회성이 발달한 동물도 없고, 사이코패스 원숭이나 침팬지를 만들어 실험할 수도 없는 노릇이니까. 물론 사이코패스에 영향을 미친다고 짐작되는 DNA를 조작하여 인위적으로 사이코패스를 만들어 비교 검증하는 일 따위는 윤리적으로 허락될 수 없다.

환경의 영향을 확인하기 위해 사이코패스에 관한 장기적인 비교 조사 또한 무척 어려운 일이다. 본문에서 소개한 〈페리 취학 전 프로그램〉과 같은 조사에는 긴 시간과 거액의 자금이 필요하다. 사이코패스의 가계를 조사하여 사이코패스가 될 가능성이 높은 아이를 수백 명 규모로 선별하고, 가정환경이나 교육으로 얼마나 차이가 생기는지 대조군을 만들어서 비교하고, 수십 년 단위의 추적 조사를 하고… 생각만으로도 정신이 아득해진다.

그나마 느리긴 해도 사이코패스의 본질이 조금씩 밝혀지고 있다.

예를 들면, 사이코패스와 직접적인 관계는 없지만, 유전에 대한 새로운 발견이 있다. 2000년대 전반에 발표된 복수의 논문에 의하면, 지속적인 언어장애의 가계를 조사하자 FOXP2라는 전사인자(轉寫因子) 유전자의 전사 개시나 전사 조절에 관여하는 단백질의 총칭)에 이상이 있음이 밝혀졌다. 그 작은 변이가 어떻게 작용하여 언어장애를 일으키는 것인지, 그 이상의 상세한 메커니즘은 아직 알려져 있지 않다. 만약 이와 같은 형태로 사이코패스의 가계에서 협력자를 구할 수 있다면 연구는 극적으로 발전할 수도 있다.

물론 앞서 소개한 안와전두피질과 편도체의 연결성의 이상에 대해서는 알지 못하는 것투성이다.

예를 들어 '왜 이 부분의 결합이 약해지는 걸까?'라든가 '어찌하여 그러한 개체가 생기는 걸까?'에 관한 질문의 답은 여러 갈래이지만, 그 어떤 답도 정확도가 떨어진다. 유전적 요인이라고 일컬어지고 있지만, 어떤 유전자의 어떤 부분이 원인이 되는지는 알지 못한다.

사이코패스 전모가 밝혀지기까지는 아직 긴 시간이 필요할 것이다.

위험의 자각 앞에 펼쳐진 길

연구의 세계만이 아니라, 사회에서 살아가는 우리들 한 사람 한 사람에게도 과제는 있다.

일반인 입장에서 보면, 사이코패스의 불가사의한 특징이 때로는 위험한 존재로 다가오는 것도 사실이다. 설사 당신이 사이코패스라고 해도 다른 사이코패스의 표적이 안 된다는 보장이 없다.

미국 루이지애나 주립대학 법과대학원의 캔 리비 교수는, 사이코패스에게 과연 형사 책임을 물어야 하는지에 대해 의문을 제시한다. 사이코패스는 이성적으로는 선악이 구별되지만 감정적으로는 범죄 행위의 잘못을 알지 못한다. 도덕적 규범을 깨닫지 못하기 때문이다. 벌금 · 징역 같은 형벌이 나쁜 짓이나 폭력적 행동을 처벌하는 역할을 하지 못한다면, 형사 책임을 묻는 의미도 역시 다시 생각해야 하지 않을까.

사람들은 '반성이 안 되는 사람도 있다', '벌에 대한 두려움이 없는 사람도 있다'는 사실을 좀처럼 인정하지 못한다. 그러나 그런 사람들이 있고, 벌에 대한 두려움이 없는 인간 입장에서는 반사회적인 행위를 억제하기 위해 만들어진 사회제도나 규칙은 거의 무의미하다. 사이코패스의 범죄를 억제 · 예방하기 위해서는, 다른 수단이나 방향으로 발상을 전환해야 한다.

사이코패스의 사고나 행동을 후천적으로(본인의 의사나 노력으로)

바꾸는 일이 어렵다면, 사회는 그들을 어떻게 대해야 할까? 그들에게 어떠한 길을 제시할 수 있을까?

안타깝게도 그 부분에 대한 논의가 활성화되고 있다고는 말 못하겠다. 그러한 논의도 없이, 그저 "저 녀석은 유전적으로 위험해!"라며 기계적으로 배재하는 풍조가 퍼지면, 그 자체가 극히 위험한 사회가 아니겠는가.

호불호를 따지기 전에 먼저 사이코패스와 공존해 나아갈 길을 모색하는 것이 인류에게 최선의 선택이라고 나는 생각한다.

주요참고문헌

스테판 C. P. 윈, 로버트 D. 헤어 『사이코패시 치료처우 프로그램을 위한 가이드라인』

오카노 켄이치로 『뇌에서 보이는 마음』

바바라 오클레이 『악의 유전자』

바바라 오클레이 『악의 진화론』

프란시스 젠센, 에이미 엘리스 너트 『10대의 뇌』

우라스기 요시노리 『타인을 상처 입혀도 아무렇지도 않은 사람들』

하라다 타카유키 『인간 범죄심리학』

폴 타프 『성공하는 아이 실패하는 아이』

크리스토퍼 J. 패트릭 편집 『사이코패시 핸드북』

제임즈 블레어, 데릭 미첼, 카리나 블레어 『사이코패스-냉담한 뇌』

제임스 J. 헤크먼 『유아교육의 경제학』

D. C. 로우 『범죄의 생물학』

《닛케이 사이언스》 2013년 2월호

이상의 도서는 일본에서 출판된 제목을 따랐고,
이하의 도서는 한국에서 출판된 제목으로 표기한다.

샐리 사텔 & 스코트 O. 릴렌펠드 『세뇌』, 생각과 사람들

마사 스타우트 『당신 옆의 소시오패스』, 산눈

마이클 판텔론 『순간 설득』, 디난출판사

케빈 더튼 『천재의 두 얼굴, 사이코패스』, 미래의 창

제임스 팰런 『괴물의 심연』, 더퀘스트

로버트 D. 헤어 『진단명 사이코패스』, 바다출판사

로버트 D. 헤어, 폴 바비악 『직장으로 간 사이코패스』, 랜덤하우스코리아

에이드리언 레인 『폭력의 해부』, 흐름출판

사이코패스

정상의 가면을 쓴 사람들

1쇄 발행 2018년 12월 07일
2쇄 발행 2019년 09월 25일

지은이 나카노 노부코
옮긴이 박진희

펴낸이 김제구
펴낸곳 호메로스
편집디자인 김태욱
인쇄 · 제본 한영문화사

출판등록 제2002-000447호
주소 04029 서울시 마포구 잔다리로 77 대창빌딩 402호
전화 02) 332-4037
팩스 02) 332-4031
이메일 ries0730@naver.com

값은 뒤표지에 있습니다.
ISBN 979-11-86349-85-4 03300

호메로스는 **리즈앤북**의 인문 브랜드입니다.